话说偏旁有旁

刘克升 著

器物卷 3

人民东方出版传媒
People's Oriental Publishing & Media
东方出版社
The Oriental Press

图书在版编目（CIP）数据

偏旁有话说 . 器物卷 / 刘克升著 . — 北京：东方出版社，2024.10
ISBN 978-7-5207-3610-7

I.①偏… II.①刘… III.①偏旁—儿童读物 IV.① H122-49

中国国家版本馆CIP数据核字（2023）第163727号

偏旁有话说：器物卷
（PIANPANG YOUHUASHUO: QIWU JUAN）

作　　者：	刘克升
策　　划：	王莉莉
责任编辑：	赵　琳　张　伟
产品经理：	赵　琳
出　　版：	东方出版社
发　　行：	人民东方出版传媒有限公司
地　　址：	北京市东城区朝阳门内大街166号
邮　　编：	100010
印　　刷：	北京联兴盛业印刷股份有限公司
版　　次：	2024年10月第1版
印　　次：	2024年10月第1次印刷
印　　数：	1—5000
开　　本：	660毫米×960毫米　1/16
印　　张：	13.25
字　　数：	121千字
书　　号：	ISBN 978-7-5207-3610-7
定　　价：	210.00元（全六册）

发行电话：（010）85924663　85924644　85924641

版权所有，违者必究
如有印装质量问题，我社负责调换，请拨打电话：（010）85924602　85924603

目 录

工字旁 ○ 001

匠字框 ○ 007

几字旁 ○ 013

名帖赏析 ○ 019

己字旁 ○ 020

巾字旁 ○ 025

冒字头 ○ 031

刀字旁 ○ 035

立刀旁 ○ 041

辛字旁 ○ 047

聿字旁 ○ 052

门字旁 ○ 056

户字旁 ○ 061

名帖赏析 ○ 066

片字旁 ○ 067

将字旁 ○ 072

名帖赏析 ○ 076

弋字旁 ○ 077

耒字旁 ○ 082

辰字旁 ○ 088

车字旁 ○ 093

干字旁 ○ 098

戈字旁 ○ 103

矛字旁 ○ 108

殳字旁 ○ 113

弓字旁 ○ 118

矢字旁 ○ 123

斤字旁 ○ 129

王字旁 ○ 134

名帖赏析 ○ 139

玉字旁 ○ 140

斜玉旁 ○ 145

名帖赏析 ○ 150

金字旁 ○ 151

贝字旁 ○ 156

瓦字旁 ○ 161

皿字底 ○ 166

名帖赏析 ○ 171

缶字旁 ○ 172

斗字旁 ○ 177

白字旁 ○ 182

舟字旁 ○ 187

鬲字旁 ○ 192

鼎字旁 ○ 197

鼓字旁 ○ 201

龠字旁 ○ 205

工字旁

我是工字旁。
我长这个样子：

打字的时候，
你打 "gōng"，
我就会现身。

我的祖先很酷。它们长这个样子：

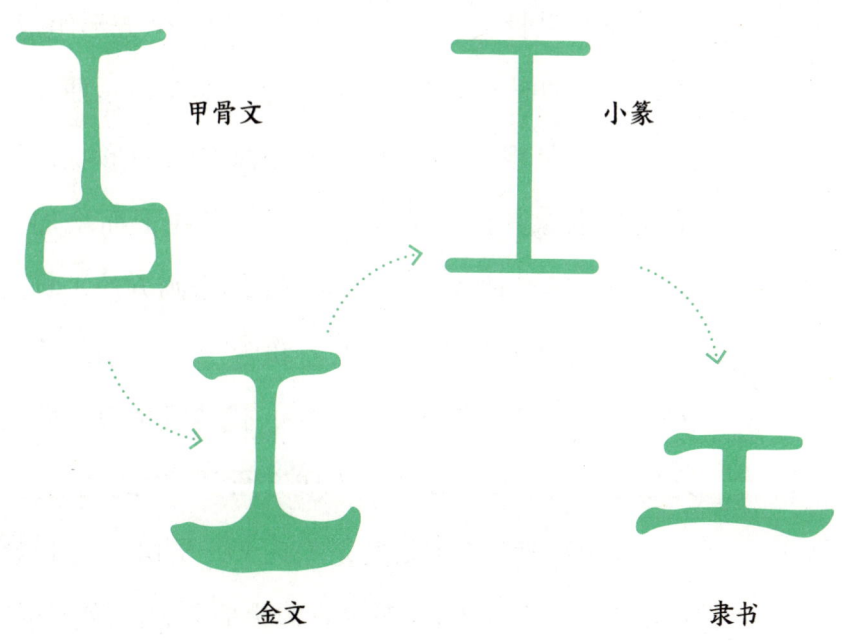

甲骨文　　小篆

金文　　隶书

你看我的甲骨文祖先，上边是不是可以画方的"T"形曲尺？下边是不是一个方形？这个方形是不是表示对曲尺画方功能的突出和强调？金文祖先身上的方形，是不是收缩瘦身，演变成了斧刃形状？

后来，是不是慢慢演变成了一横一竖和另外一横？

我的故事

我呀，其实就是那个"工"字，最初的意思是用来画方的曲尺，也泛指工具。

我的甲骨文祖先由一横一竖和一个方形组成。古人造字的时候，先以画出一横一竖来表示曲尺。这一横一竖组合在一起，虽然像曲尺的形状，但是同时也像其他物体。古人于是又在下面增加一个方形，精准地表达出这是一个用来画方的工具。

当我引申为工匠、工艺和善于等意思以后，人们另造一个"矩（jǔ）"字，代替我来表达曲尺这层意思。"没有规矩，不成方圆"，说的就是它。

"矩"字的金文祖先（），是由一分腿站立之人，伸出一只手，握着我的腰部会意而成。"巨"

字是它的省写形式，后来被借用，专门表示巨大这层意思。

也有人说，我的祖先像古代筑墙或者盖土坯（pī）房打土坯时用的石杵（chǔ），上面是把手，下面是石制杵头。

还有人说，我的甲骨文祖先像古代木匠用来弹直线的墨斗。下面那个方框，代表蓄有墨水的墨仓。中间那一竖，代表从墨仓的细孔里牵出来的墨线。上面那一横，代表系在墨线末端，用来绷紧墨线，名叫"替母"的锥形线坠。后来，墨仓先是收缩瘦身，演变成了斧刃形状，随后又演变成了一横。

不论是"曲尺说""石杵说"，还是"墨斗说"，我是做工用的工具却是无疑。

工人、农民、商人和知识分子，人人都需要做工。做工才能有饭吃。我作为一个汉字，很高兴自己能够见证大家的劳动价值。

"工欲善其事，必先利其器。"我祝愿每位劳动者都拥有自己的"利器"，顺顺利利做好每一件事情。

"绿沉消夏气，红艳夺春工。"（出自明·徐繗《避暑东湖寺》）

"莫道幽人一事无，闲中尽有静工夫。"（出自唐·吕岩《绝句》）

很多古诗词里都有我的身影。

我来造字

我们这个家族的汉字,主要和工具有关,和工艺有关。

我通常待在我朋友的左边,有时候也跑到其他位置。

因为我是以"工"字的身份做偏旁,所以大家都叫我"工字旁"。

小篆

巧

隶书

我遇到"丂(kǎo)"字,就变成了"巧"字。

巧夺天工。

小篆

功

隶书

遇到"力"字,就变成了"功"字。

功到自然成。

小篆

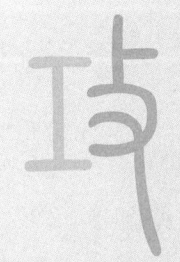

攻

隶书

遇到反文旁（攵），
就变成了"攻"字。

攻无不克。

小篆

邛

隶书

遇到右耳旁（阝），
就变成了"邛（qióng）"字。

四川有座邛崃山。此山多邛竹，
邛杖出此山。

小篆

左

隶书

遇到一横一撇，
就变成了"左"字。

左右相随。

小篆

巫

隶书

遇到两组"一撇一点"，
就变成了"巫（wū）"字。

小巫见大巫。

匚字框

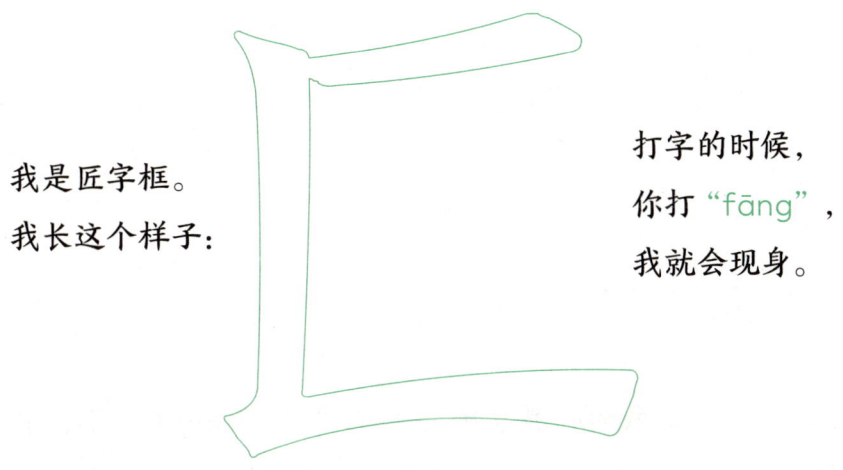

我是匚字框。
我长这个样子：

打字的时候，
你打"fāng"，
我就会现身。

我的祖先很酷。它们长这个样子：

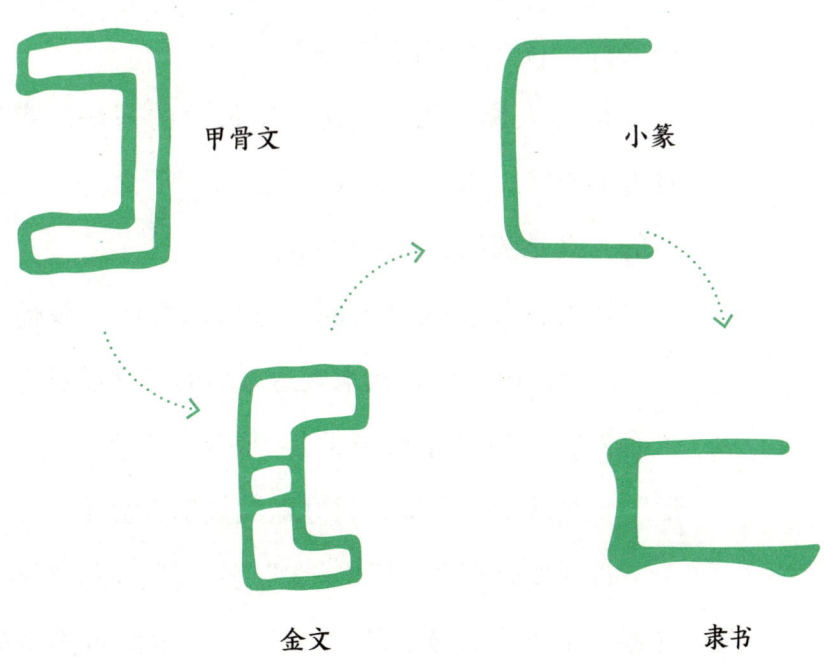

甲骨文

小篆

金文

隶书

你看我的甲骨文祖先,像不像躺卧在地上的方形器具?

金文祖先的身上,是不是还画出了编织纹路?

后来,是不是慢慢演变成了一横和一个竖折?

我的故事

我呀,其实就是那个"匚(fāng)"字,最初的意思是盛放物品的方形器具。

我本来就是开口向上的,只是"凵(kǎn)"字也开口向上。为了和它相区分,我换了个躺卧的姿势,将开口朝向了一侧。

也有人说,我是"筐"字最早的写法,意思是方形竹筐。古有"方筐圆筥(jǔ)"之分。筐是方的,筥是圆的,都是盛物器具。

还有人说,我采取同音假借的方法,假借成"方"字,由它代替我来表达方形器具这层意思。久而久之,"方"字后来居上,成为名正言顺的"方形"。我却少有人知,只好默默做偏旁去了。

古时候,有个"匸(xì)"字。它下面的竖折,也是一个汉字,读音为"yǐn",表示曲折隐藏的踪迹，引申为隐蔽之所。竖折上面再覆（fù）以一横，就有了掩藏和隐藏等意思。以它做偏旁的汉字，也都含有这层意思。因为和我长得非常相似，所以它干脆变成我的样子，假借我的形象，来表达它原来的意思。

"方宅十余亩，草屋八九间。"[出自晋·陶渊明《归园田居（其一）》]

"叶满筐箱花满簪（zān），低头微笑出桑阴。"（出自宋·胡仲参《采桑女》）

这些古诗词里的"方"字和"筐"字，让我感到非常亲切，同时跟着沾染了一番诗意。

我来造字

我们这个家族的汉字，主要和方形器具有关，和隐藏有关。

我喜欢把我朋友吞到肚子里，有时候也跑到其他位置。

因为"匠"字是我们这个家族的常见字，我是"匠"字之框，所以大家都叫我"匠字框"。

有的人看我三面有框，也叫我"三框"。说实话，我不喜欢这个称呼。凶字框（凵）和同字框（门）也是三面有框，它们是不是也该叫"三框"？

小篆

汇

隶书

我遇到三点水（氵），
就变成了"汇（huì）"字。

三江汇流。
"汇"是"匯"的简化字。

小篆

匹

隶书

遇到"儿"字，
就变成了"匹"字。

一匹布，一匹马。三面有墙一面空，一个孩儿立当中。

小篆

叵

隶书

遇到"口"字，
就变成了"叵（pǒ）"字。

"可"字反写，居心叵测。

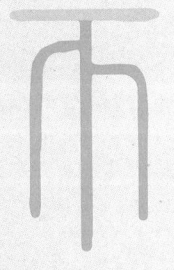

小篆

匝

隶书

遇到"巾"字,
就变成了"匝(zā)"字。

绿荫匝地。
"匝"原本是"帀"的异体字,现在以"匝"为正体字。

小篆

匡

隶书

遇到"王"字,
就变成了"匡(kuāng)"字。

匡衡凿壁偷光。

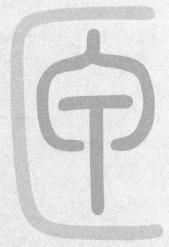

小篆

匣

隶书

遇到"甲"字,
就变成了"匣(xiá)"字。

匣中宝剑夜有声。

小篆

匾

隶书

遇到"扁"字,
就变成了"匾(biǎn)"字。

倒支竹匾待雀来。

小篆

匿

隶书

遇到"若"字,
就变成了"匿(nì)"字。

销声匿迹。

几字旁

我是几字旁。
我长这个样子：

打字的时候，
你打"jī"，
我就会现身。

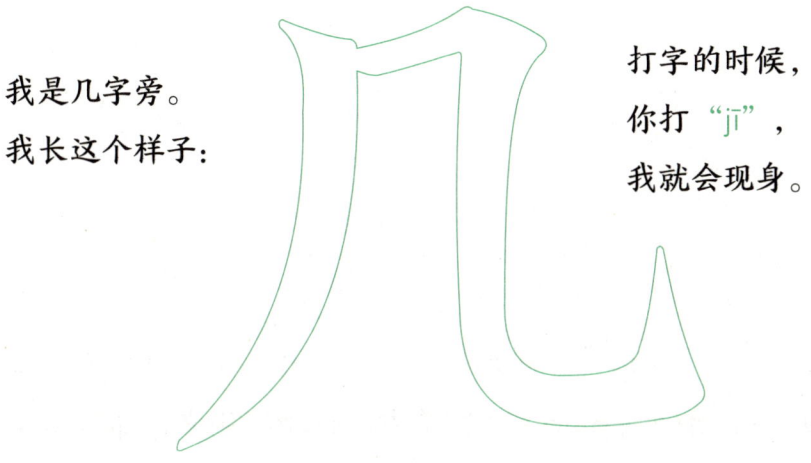

我的祖先很酷。它们长这个样子：

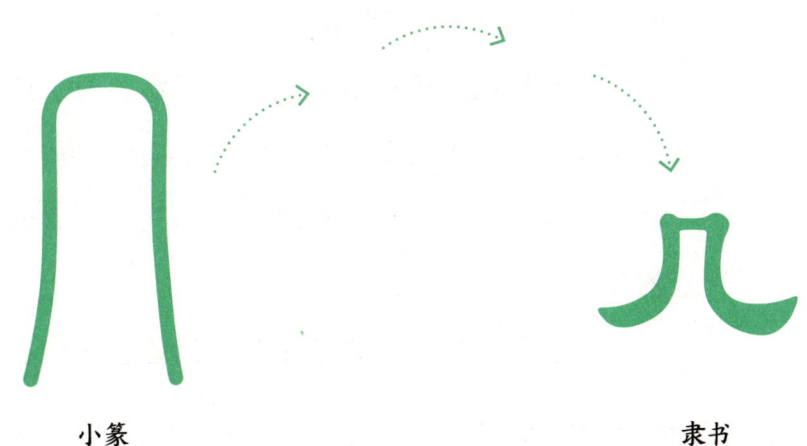

小篆　　　　　　　　　隶书

你看我的小篆祖先，像不像茶几的形状？

后来，是不是慢慢演变成了一撇和一个横折弯钩？

我的故事

我呀，其实就是那个"几"字，最初的意思是凭（píng）几，是古人跪坐时用来倚靠身体的一种器具。

与桌子相比，我偏小偏矮，类似于今天的茶几。

人们也习惯用我来借指茶几之类的小桌子。"窗明几净"，是说窗户明亮，小桌子干净。"凭几学书"，是说靠着小桌子，学习写字。

除了茶几，还有高低不同，形状各异，或圆或方的香几、琴几和花几。它们上面可以放置香炉、古琴和花盆。高的称之为"高几"，矮的称之为"矮几"。

我还是"幾"字的简化字，代替它来表达它所有的意思。

这个字有两种读音，分别是"jī"和"jǐ"。

用来表示事物的苗头和细微的迹象时，读音

为"jī"。"见几而作"就含有这层意思。这个成语后来写为"见机而作",专门用来表示看到适当的时机就立即行动。"见机行事"则是根据情况变化,灵活处理事情。

用来表示接近于、差不多和差点儿等意思时,读音也为"jī"。"几近崩溃(kuì)""几乎忘记""几为所害",就都含有这层意思。

用来表示数量时,读音为"jǐ"。"几个""几天""所剩无几",就都含有这层意思。

"青山依旧在,几度夕阳红。"[出自明·杨慎《临江仙(滚滚长江东逝水)》]

"春风吹渐落,一夜几枝空。"(出自唐·刘方平《梅花落》)

很多古诗词里都有我的身影。

我来造字

我们这个家族的汉字,主要和桌几有关,和苗头有关。

我通常待在我朋友的右边或者脚下。有时候也把它们吞到我肚子里,看起来像吃撑了似的。

因为我是以"几"字的身份做偏旁,所以大家都叫我"几字旁"。

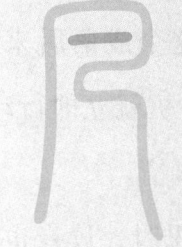

小篆

隶书

我遇到一点,
就变成了"凡"字。

九天仙女下凡尘。

小篆

隶书

遇到一撇和一点,
就变成了"风"字。

像风一样奔跑。
"风"是"風"的简化字。

小篆

隶书

遇到"又"字,
就变成了"凤"字。

有凤来仪。
"凤"是"鳳"的简化字。

小篆

叽

隶书

遇到"口"字，
就变成了"叽"字。

叽叽喳喳，叽里咕噜。
"叽"是"嘰"的简化字。

小篆

机

隶书

遇到"木"字，跑到它右边，
就变成了"机"字。

机器猫坐飞机。
"机"是"機"的简化字。

小篆

朵

隶书

跑到它头上，
就变成了"朵"字。

朵朵白云飘。
"朵"原本是"朶"的异体字，
现在以"朵"为正体字。

小篆

矶

隶书

遇到"石"字,
就变成了"矶(jī)"字。

矶是水边突出的岩石或者小石山。燕子矶(在江苏)展翅欲飞。采石矶(在安徽)石有五彩。

小篆

凫

隶书

遇到"鸟"字,挤走一横,
就变成了"凫(fú)"字。

渺渺(miǎo)双凫落晚沙。

小篆

凳

隶书

遇到"登"字,
就变成了"凳(dèng)"字。

我有小板凳,能坐不能倚(yǐ)。

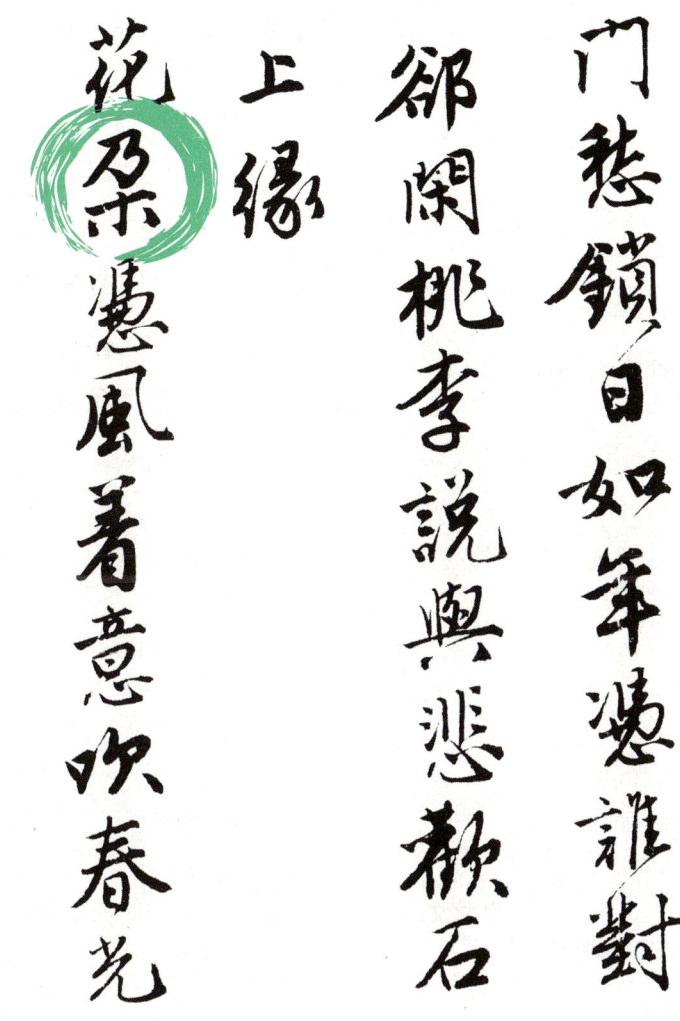

选自唐寅书《落花诗》

名帖赏析

唐寅（yín），字伯虎，明朝著名画家、书法家和诗人。其书法以行书见长，婉转流畅，俊秀潇洒。唐寅所书《落花诗》多达30首，传世的有中国美术馆、辽宁省博物馆、苏州博物馆和美国普林斯顿大学等藏本。

己字旁

我是己字旁。
我长这个样子：

打字的时候，
你打"jǐ"，
我就会现身。

我的祖先很酷。它们长这个样子：

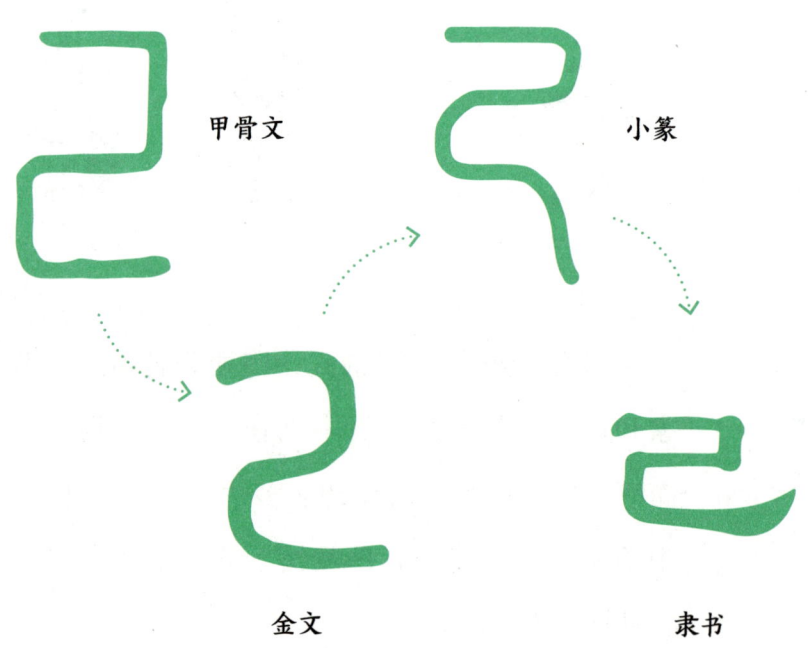

甲骨文　　小篆

金文　　隶书

你看我的甲骨文祖先，像不像弯弯曲曲，用来捆系东西的绳子？

后来，是不是慢慢演变成了一个横折、一横和一个竖弯钩？

我的故事

我呀，其实就是那个"己"字，最初的意思是绳子。

我可以拉成一根直线，也可以弯成其他形状。

我能捆系物体，约束物体，由此又引申为治理、法度和汇集等意思。后来，这层意思由"纪"字代替我来表达。"纲纪四方""法纪""纪要"，就都含有这层意思。

丝缕（lǔ）有纪，网罟（gǔ）有纲。有了捆束丝缕的"纪"和统领网罟的"纲"，世界才会井然有序。

我还是"十天干"之一，位列第六位，属性为土。

我经常被借用为代词，用来指代本身，也就是自己。"己方""己见""己任"，都是这种用法。

任何人都需要清醒地认识自己，既不能把自己看大，也不能把自己看小。在"知己知彼"的基础上，努力修炼一番，练就豁（huò）达淡然的心态，抵达"不以物喜，不以己悲"的境界。

我很佩（pèi）服那些"严以律己"和"克己复礼"的人。他们日复一日的坚持，让天下归仁的目标离我们越来越近。

我也佩服那些"克己奉公""先人后己""舍己为人"的人。他们高尚的品格，吸引着我们去追随。

我还佩服那些"己所不欲，勿施于人"的人。他们"推己及人"的胸怀里，装满了对他人的尊重。

人生得一知己足矣，得三五知己幸哉！

凡事如果"尽心尽力"了，实在"心不由己"的时候，就由它去吧。

"自此光阴为己有，从前日月属官家。"（出自唐·白居易《喜罢郡》）

"莫愁前路无知己，天下谁人不识君？"（出自唐·高适《别董大二首》）

很多古诗词里都有我的身影。

我来造字

我们这个家族的汉字，主要和约束有关，和治理有关。

我通常待在我朋友的右边，有时候也跑到其他位置。

因为我是以"己"字的身份做偏旁，所以大家都叫我"己字旁"。

小篆

改

隶书

我遇到反文旁（攵），
就变成了"改"字。

有过则改。

小篆

记

隶书

遇到言字旁（讠），
就变成了"记"字。

记下自己的感想。

小篆

杞

隶书

遇到"木"字，
就变成了"杞（qǐ）"字。

杞人忧天，怕天塌下来。

小篆

起

隶书

遇到"走"字,
就变成了"起"字。

一起走进麦浪起伏的田野。

小篆

岂

隶书

遇到"山"字,
就变成了"岂(qǐ)"字。

岂有此理?
"岂"是"豈"的简化字。

小篆

忌

隶书

遇到"心"字,
就变成了"忌(jì)"字。

先人忌日,要静思缅(miǎn)
怀,忌饮酒作乐。

巾字旁

我是巾字旁。
我长这个样子：

打字的时候，
你打"jīn"，
我就会现身。

我的祖先很酷。它们长这个样子：

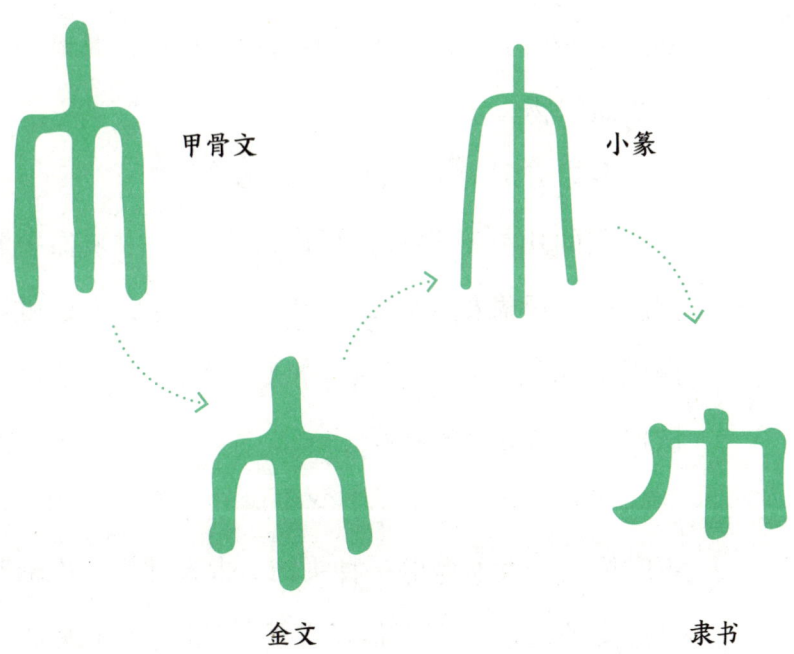

甲骨文　　小篆

金文　　隶书

你看我的甲骨文祖先，像不像下垂的佩（pèi）巾？中间那一竖，像不像佩系所用的带子？

到了我这一辈，是不是最终演变成了一竖、一个横折钩和另外一竖？

我的故事

我呀，其实就是那个"巾"字，最初的意思是佩巾。

也有人说，我的祖先像披散的麻皮，也就是麻纤（xiān）维、麻线，最初的意思应该是麻布，泛指纺织物。

我以方形为主，也有三角形的。

我的用处有很多，可以做手巾，用来擦手和擦脸；可以做枕（zhěn）巾，盖在枕头上；可以做围巾和红领巾，围系或佩戴在脖子上；还可以做披巾，潇洒地披在身上。

我和"帼（guó）"字组成"巾帼"一词，是古时候的妇女所戴的一种头饰。古人常用"巾帼"借指女子，用"须眉"借指男子。"巾帼不让须眉"，就是这种用法。

古代的男子也喜欢头戴佩巾。"羽扇纶（guān）巾，谈笑间，樯（qiáng）橹（lǔ）灰飞烟灭。"这里的"纶巾"，指的就是系有青丝带的头巾。人们常用"羽扇纶巾"来形容飘逸潇洒和儒雅风流。

与我有关的著名事件，当数东汉末年的黄巾起义。起义的农民头裹黄巾作为标识，被人们称为"黄巾军"。

"素月镜秋水，碧云巾暮山。"[出自宋·曹邍（yuán）《憩凉月观焦山在望》]

"向来忧国泪，寂寞洒衣巾。"（出自唐·杜甫《谒先主庙》）

很多古诗词里都有我的身影。

我来造字

我们这个家族的汉字，主要和纺织品有关。

我通常待在我朋友的左边，有时候也跑到其他位置。

因为我是以"**巾**"字的身份做偏旁，所以大家都叫我"**巾字旁**"。

小篆

巾

隶书

我遇到一撇,
就变成了"币"字。

捡到一枚硬币。
"币"是"幣"的简化字。

小篆

帅

隶书

遇到一竖一撇,
就变成了"帅"字。

大元帅威武又帅气。
"帅"是"帥"的简化字。

小篆

布

隶书

遇到一横一撇,
就变成了"布"字。

氓(méng)之蚩蚩(chī),
抱布贸丝。

小篆

帜

隶书

遇到"只"字，
就变成了"帜（zhì）"字。

旗帜飘飘。
"帜"是"幟"的简化字。

小篆

帕

隶书

遇到"白"字，
就变成了"帕（pà）"字。

送你一方小手帕。
"帕"原本是"帊"的异体字，
现在以"帕"为正体字。

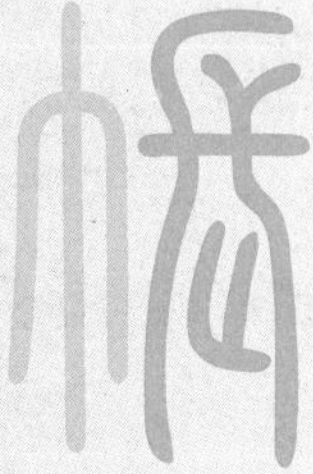

小篆

帐

隶书

遇到"长"字，
就变成了"帐"字。

诸葛亮稳坐中军帐。

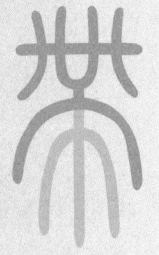

小篆

带

隶书

遇到一横三竖和秃宝盖（冖），
就变成了"带"字。

带刀侍卫，带叶橘子。
"带"是"帶"的简化字。

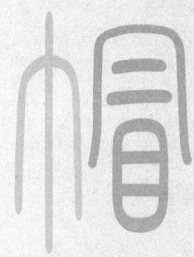

小篆

帽

隶书

遇到"冒"字，
就变成了"帽"字。

穿靴（xuē）戴帽。

冒字头

我是冒字头。
我长这个样子：

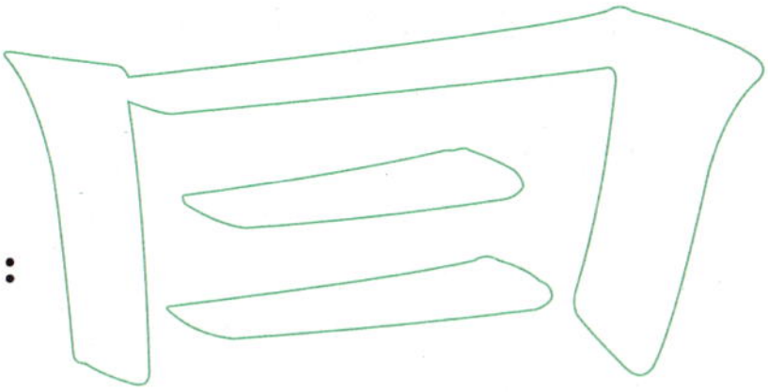

打字的时候，我不知道怎么才能打出我来，好尴（gān）尬（gà）呀！

我的祖先很酷。它们长这个样子：

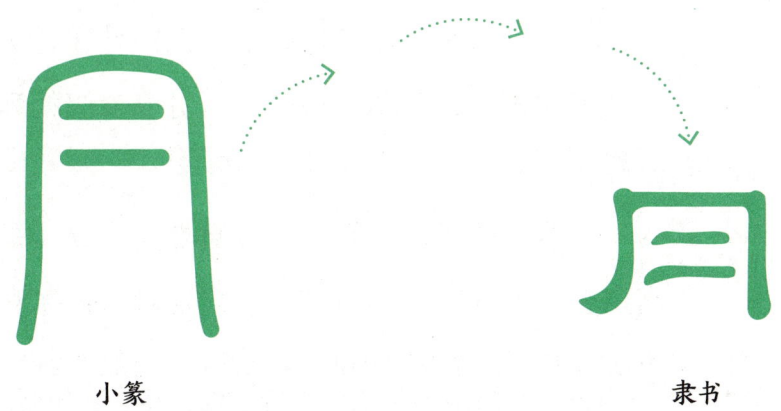

小篆　　　　　　　　隶书

你看我的小篆祖先，像不像帽子的形状？里边那两横，是不是代表饰物？

到了我这一辈，是不是最终演变成了一竖、一个横折和两横？

我的故事

我呀，其实就是那个"冃（mào）"字，是它分化出来的写法，最初的意思是帽子。

帽子都戴在头上，与头部关系密切。为了体现这一特征，人们以目代头，在"冃"字下面增加一个"目"字，另造一个"冒"字，来表达帽子这层意思。

古人喜欢头戴帽子。帽子是人的外在特征之一。假的帽子，就是"假冒"，引申为假托和冒充等意思。

既然是帽子，所在的位置自然是头顶，是最高位置。"冒"字由此又引申出顶着、顶撞和冒出等意思。"冒雨"和"冒犯"，就都含有这层意思。"冒芽"和"冒烟"，也都含有这层意思。

最初的帽子，一般都是布巾所制。为了体现

这一特征，人们又在"冒"字左边增加一个"巾"字，另造一个"帽"字，代替它来表达帽子这层意思。

"帽"字既指帽子本身，也指形状或者作用像帽子的东西。它经常出现在"乌纱帽""钢笔帽""螺丝帽"等词语里面。

我虽然喜欢"穿靴（xuē）戴帽"，但是端端正正，很有分寸，从不给别人"戴高帽"，更不喜欢"乱扣帽子"。

"偃（yǎn）树枝封雪，残碑石冒苔。"［出自唐·苏颋（tǐng）《奉和圣制途经华岳应制》］

"半廊（láng）花院月，一帽柳桥风。"（出自宋·陆游《临江仙·离果州作》）

这些古诗词里的"冒"字和"帽"字，让我感到非常亲切，同时跟着沾染了一番诗意。

我来造字

我们这个家族的汉字，主要和帽子有关。

我总是待在我朋友的头上。

我偶尔会来个"模仿秀"，将肚子里悬浮的两横拉长，装扮成"曰"字的模样。

因为"冒"字是我们这个家族的常见字，我是"冒"字之头，所以大家都叫我"冒字头"。

小篆

冒

隶书

我遇到"目"字,
就变成了"冒"字。

冒(mào)先生喜欢冒(mào)险,遇见了冒(mò)顿(dú)单(chán)于。冒顿单于是秦末汉初的一位匈(xiōng)奴君主。

小篆

冕

隶书

遇到"免"字,
就变成了"冕(miǎn)"字。

君主即位,例行加冕。
上届冠军,卫冕成功。

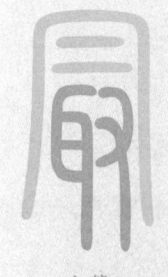

小篆

最

隶书

遇到"取"字,
就变成了"最"字。

耳居帽下,伸手割之。取敌左耳,积上等战功为最。

刀字旁

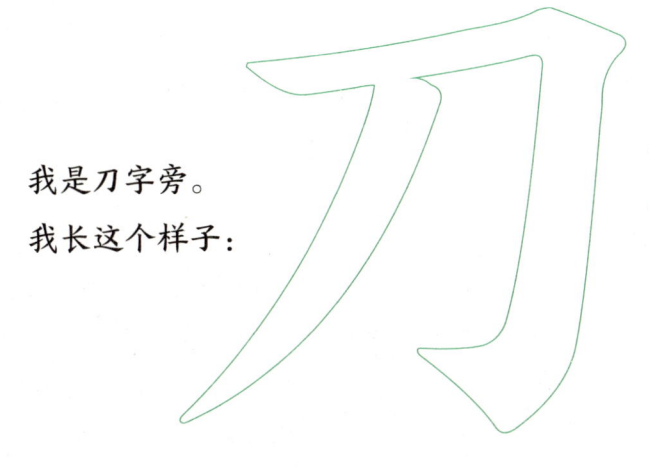

我是刀字旁。
我长这个样子：

打字的时候，
你打"dāo"，
我就会现身。

我的祖先很酷。它们长这个样子：

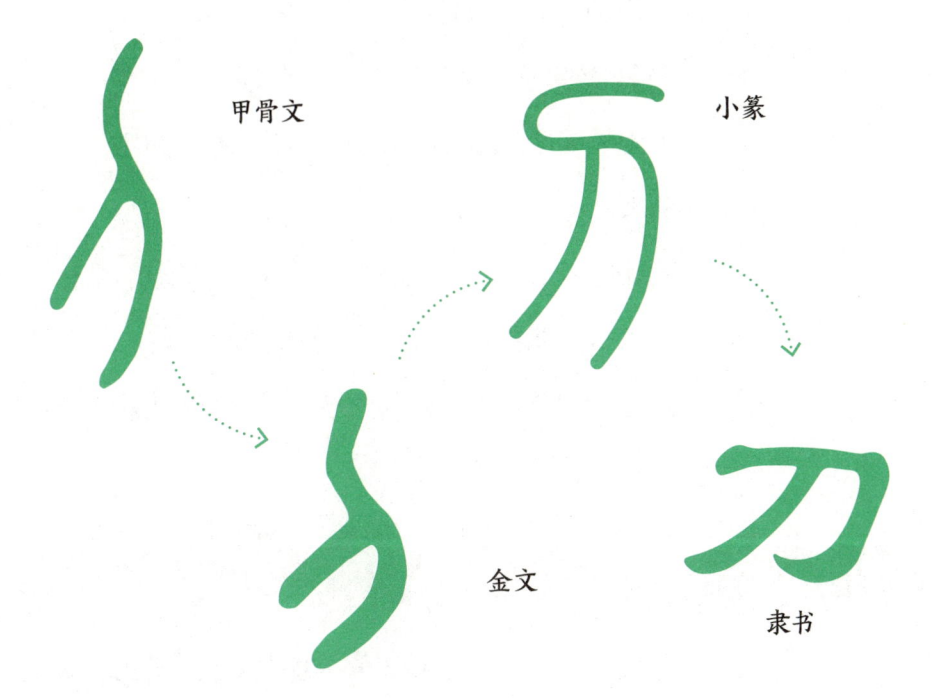

甲骨文

小篆

金文

隶书

你看我的甲骨文祖先,像不像一把刀的形状?上面像不像刀柄?下面像不像刀刃和刀背?

后来,是不是慢慢演变成了一个横折钩和一撇?

我的故事

我呀,其实就是那个"刀"字,最初的意思是带有锋刃的砍切器具。

我种类繁多,有菜刀,有剪刀,有水果刀,有指甲刀,有割草的镰(lián)刀,还有铡(zhá)草的铡刀。

我用途广泛,能砍能削(xiāo),能切能割,能剁(duò)能剖(pōu),能劈能刺。

我是古代常用的兵器之一,与另外几种兵器合称为"刀枪剑戟(jǐ)"。

我与"兵"字组成"刀兵"一词,泛指兵器,借指战争。

古代的刀币,包括以黄金涂饰的金错刀,都

是因形状似我而得名。

古人搭配在我身上的动词有很多。"操刀""持刀""捉刀""提刀""引刀",都需要符合各自的语境。

造纸厂裁纸,需用裁纸刀。一刀下去,所裁的毛边纸的最大厚度和最多张数基本上是固定的。人们习惯将裁纸刀一刀所能裁取的纸张总数称为"一刀"。我因而经常被借用为纸张单位。当今的"一刀纸",约为一百张纸。

"持刀间(jiàn)密竹,竹少风来多。"(出自唐·白居易《池畔二首》)

"刀光照塞月,阵色明如昼。"(出自唐·崔国辅《从军行》)

很多古诗词里都有我的身影。

我来造字

我们这个家族的汉字,主要和刀具有关。

我通常待在我朋友的右边或者脚下,有时候也跑到其他位置。

因为我是以"刀"字的身份做偏旁,所以大家都叫我"刀字旁"。

小篆

刃

隶书

我遇到一点,
就变成了"刃"字。

十年磨一剑,霜刃未曾试。"刃"是指事字,在刀刃上方加一点,指明它所要表达的意思是刀刃。指事字通常由指示符号组合而成,或者在象形字上增加指示符号组成,用来指示事情、事物或者事态。

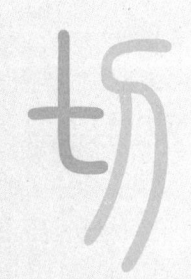

小篆

切

隶书

遇到"七"字,它抬脚踢向我,
就变成了"切"字。

砍瓜切（qiē）菜。一切（qiè）反动派都是纸老虎。

小篆

忉

隶书

遇到竖心旁（忄）,
就变成了"忉（dāo）"字。

那人远行,我难免劳心忉忉。

小篆

初
隶书

遇到衣字旁（衤），
就变成了"初"字。

初一到十五，万物有初始。

小篆

券
隶书

遇到"夫"字，头戴两朵花，
就变成了"券（quàn）"字。

拿到入场券。

小篆

劈
隶书

遇到"辟"字，
就变成了"劈"字。

沉香劈山救母。

小篆

剪

隶书

遇到"前"字,
就变成了"剪"字。

剪羊毛,剪刀向前伸。
"剪"是由"歬(jiǎn)"增加一个"刀"字演变而来。"歬"的意思原本就是剪。

小篆

召

隶书

遇到"口"字,
就变成了"召"字。

周初召(shào)公,姓姬名奭(shì)。
召(zhào)之即来,挥之即去。

立刀旁

我是立刀旁。
我长这个样子：

打字的时候，
你打"dāo"，
我就会现身。

我的祖先很酷。它们长这个样子：

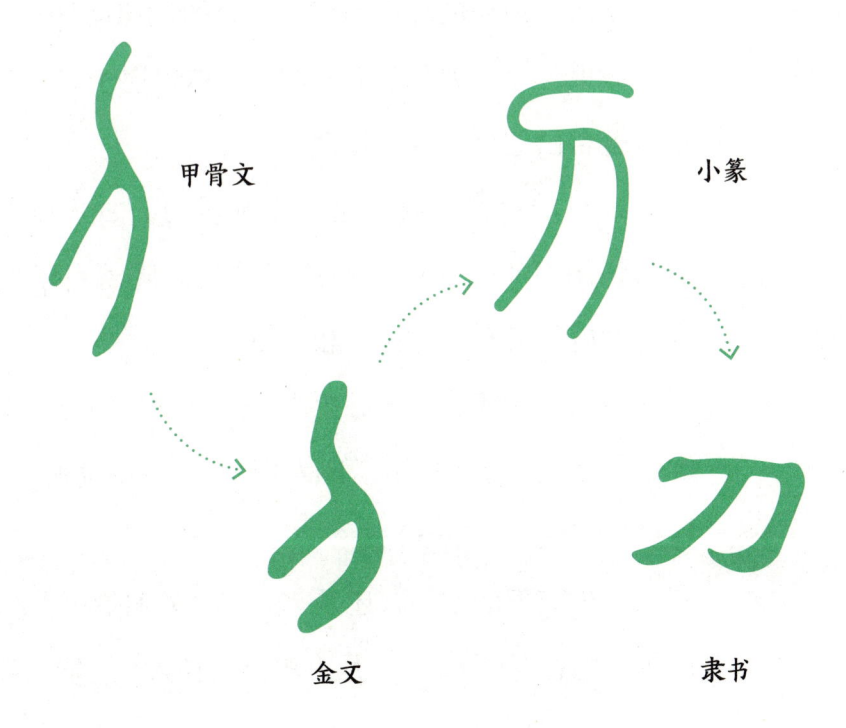

甲骨文

小篆

金文

隶书

你看我的甲骨文祖先,像不像一把刀的形状?上面像不像刀柄?下面像不像刀刃和刀背?

后来,是不是慢慢演变成了一个横折钩和一撇?

到了我这一辈,是不是最终演变成了一竖和一个竖钩?

我的故事

我呀,其实就是那个"刀"字,是它分化出来的写法,最初的意思是带有锋刃的砍切器具。

我既然是"刀"字的变体,自然也属于刀族,很了解自己这个家族的特性。

最早的时候,我们是石刀和骨刀。古人就地取材,用石头或者骨头制成了我们。随着科学技术的发展,又有了青铜刀和钢刀。

冷兵器时代,我们勇猛剽(piāo)悍(hàn),雄健有力,上得了战场,下得了厨房,斗得过地主,打得过流氓(máng)。

要论使刀的本领,还是"武圣"关羽最厉害。他将一把青龙偃(yǎn)月刀舞得出神入化,能"温酒斩华雄"。谁如果想在关公面前耍大刀，定会和班门弄斧一样可笑。

我们有大刀和小刀之分，也有长刀和短刀之分。杀鸡不用宰牛刀，宰牛也不用杀鸡刀。诸君使用我们这些刀具的时候，一定要根据情况，做好选择。

"刀不自截，水不自洗。"（出自宋·释法薰《炬长老请赞》）

"卖刀无旷（kuàng）土，赠（zèng）扇有仁风。"［出自宋·洪适《临江仙·送罗倅（cuì）·伟卿权新州》］

这些古诗词里的"刀"字，让我感到非常亲切，同时跟着沾染了一番诗意。

我来造字

我们这个家族的汉字，主要和刀具有关。

我总是待在我朋友的右边。

因为我看起来好像一把刀柄朝上的刀直立在那里，所以大家都叫我"立刀旁"或者"立刀"。

小篆

剑

隶书

我遇到"佥（qiān）"字，就变成了"剑"字。

单刃刀化身为双刃剑，再跑到鱼肚子里，讲个故事叫"鱼藏剑"。

小篆

刻

隶书

遇到"亥（hài）"字，就变成了"刻"字。

刻舟求剑。刻不容缓。

小篆

刺

隶书

遇到"朿（cì）"字，就变成了"刺"字。

小刺猬说话总带刺。

小篆

削

隶书

遇到"肖"字,
就变成了"削"字。

除了削(xiāo)果皮、削(xiāo)铅笔,还能削(xuē)铁如泥。

小篆

割

隶书

遇到"害"字,
就变成了"割"字。

割韭(jiǔ)菜。割尾巴。

小篆

剁

隶书

遇到"朵"字,
就变成了"剁(duò)"字。

剁肉馅。

小篆

划

隶书

遇到"戈（gē）"字，
就变成了"划"字。

划（huá）船比赛。划（huà）清界限。
"划"是"劃"的简化字。

小篆

刘

隶书

遇到"文"字，
就变成了"刘"字。

前度刘郎今又来。
"刘"是"劉"的简化字。

辛字旁

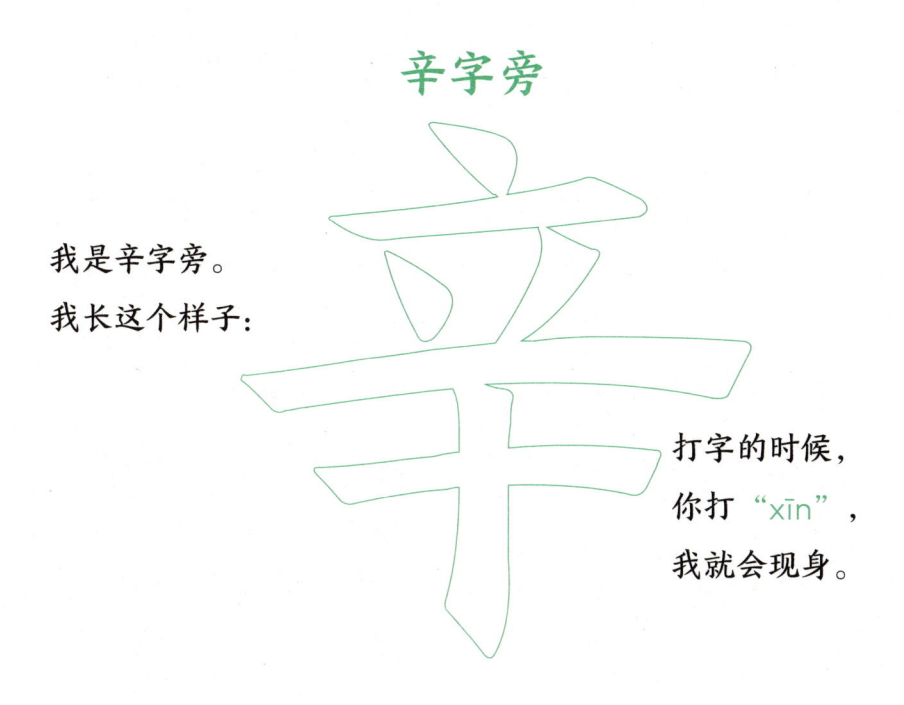

我是辛字旁。
我长这个样子：

辛

打字的时候，
你打"xīn"，
我就会现身。

我的祖先很酷。它们长这个样子：

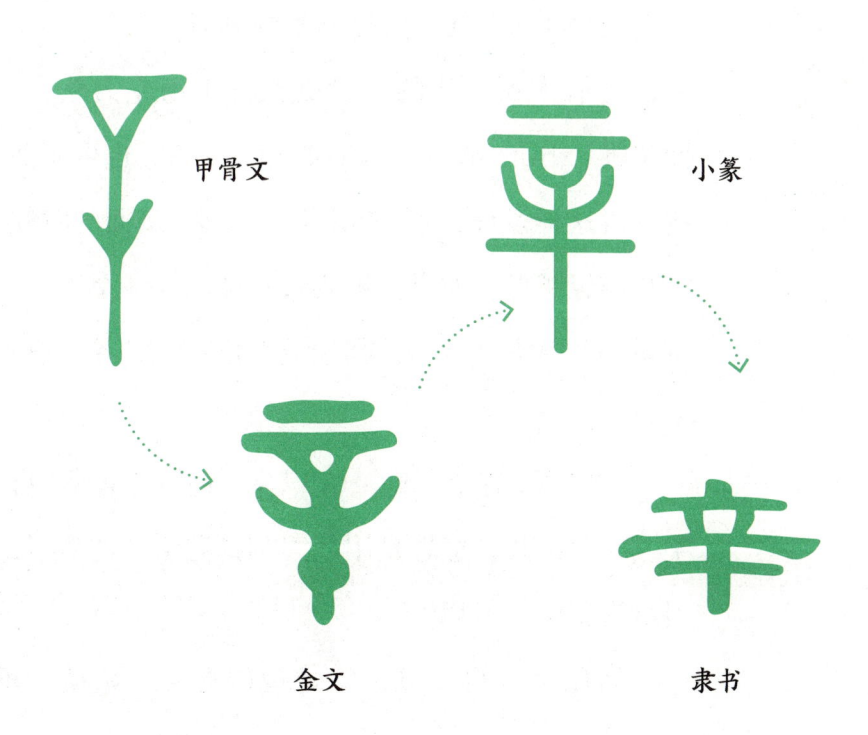

甲骨文

小篆

金文

隶书

你看我的甲骨文祖先，像不像古代割鼻子的刑刀？上面那个倒三角形，是不是代表刀刃朝上的刀头？下面那一竖和箭头，是不是代表刀柄和护手？金文祖先头上增加的那一横，是不是表示对刀刃割鼻功能的突出和强调？刀柄上增加的那一点，是不是表示对刀柄握持功能的突出和强调？

后来，是不是慢慢演变成了一点一横、一点一撇和两横一竖？

我的故事

我呀，其实就是那个"辛"字，最初的意思是实施劓（yì）刑，割掉鼻子的刑刀。

也有人说，我的甲骨文祖先上面是刀头，下面是锥（zhuī）刺，一物两用，既可割鼻，也可刺面。我觉得这样设计，使用起来并不方便。刺面的时候，工具越轻越好。如果在锥刺另一端增加一个刀头，重量岂不大增？刀头同时也会正对行刑者，很不安全。

古时候，有个"辠（zuì）"字。它的上面是"自"字，下面是我，意思是用刑刀割掉犯法者的鼻子，引申为犯法的意思。

秦始皇觉得"辠"字像他的尊号"始皇"里

的"皇"字,不吉利,就将它改为"罪"字。"罪"字最初的意思是捕鱼的竹网,被假借后彻底取代了"皋"字。

遭受割鼻之人,必然会面临肉体和精神上的双重折磨。我由此又引申出痛苦和悲伤等意思。"辛酸"和"悲辛",就都含有这层意思。

与常人相比,他们今后的付出也会更多。我因而还含有劳苦和艰难等意思。"辛勤"和"艰辛",就都含有这层意思。

人们遭受劓刑的时候,会痛苦流泪。吃辣椒的时候,也会辣痛流泪。古人习惯用我来指代辣味。我和"辣"字组成"辛辣"一词,用来形容辣椒和大蒜等辛辣之物的味道。

我还是"十天干"之一,位列第八位,属性为金。

"辛勤蚕(cán)作茧(jiǎn),来往燕成巢。"(出自宋·姜特立《茧庵·初营》)

"采得百花成蜜后,为谁辛苦为谁甜?"(出自唐·罗隐《蜂》)

很多古诗词里都有我的身影。

我来造字

我们这个家族的汉字,主要和刑罚有关。

我通常待在我朋友的左边,有时候也跑到其他位置。

因为我是以"辛"字的身份做偏旁,所以大家都叫我"辛字旁"。

小篆

辞
隶书

我遇到"舌"字,
就变成了"辤"字。

落花不语空辞树,流水无情自
入池。
"辞"是"辤"的简化字。

小篆

辨
隶书

遇到一点一撇和我弟弟,
就变成了"辩"字。

双兔傍地走,安能辨我是雄雌?

小篆

莘
隶书

遇到草字头（艹），
就变成了"莘"字。

莘莘（shēn）学子。
莘（xīn）庄在上海。

小篆

辜
隶书

遇到"古"字，
就变成了"辜（gū）"字。

一脸无辜。

聿字旁

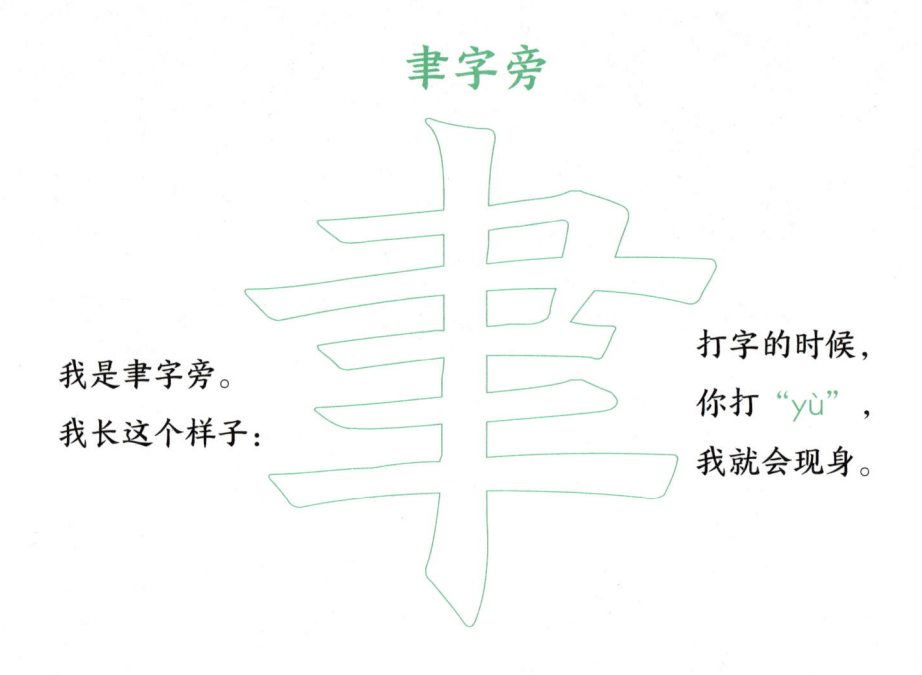

我是聿字旁。
我长这个样子：

打字的时候，你打"yù"，我就会现身。

我的祖先很酷。它们长这个样子：

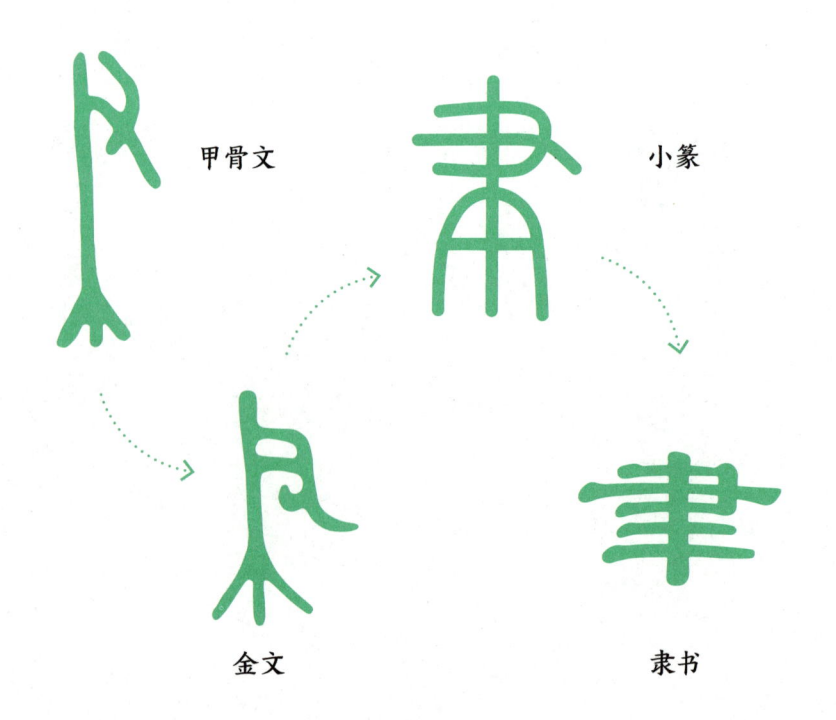

甲骨文

小篆

金文

隶书

你看我的甲骨文祖先，像不像手执毛笔的形状？小篆祖先身上增加的那一横，是不是表示对毛笔书写部位的突出和强调？后来，是不是慢慢演变成了一个横折和四横一竖？

我的故事

我呀，其实就是那个"聿"字，最初的意思是毛笔，是用竹管裹束兽毛制成的一种书写工具。

古时候，我有很多不同的名称。《说文解字》里说："楚谓之聿，吴谓之不律，燕谓之弗（fú）。"

我笔端柔软，可以饱吸墨汁，便于变换提、按、铺、拢等笔法，写出不同风骨的汉字。

我身上的兽毛，主要有羊毫、狼毫和兼毫三种。羊毫是山羊毛，质地柔软，字体圆润。狼毫是黄鼠狼的尾毛，质地偏硬，字体劲（jìng）挺。兼毫则是软毛和硬毛兼有，软硬适中。

我是古代"文房四宝"之一。"笔墨纸砚"里的"笔"，指的就是我。"舌聿之利"，是说言语和文笔之锋利。

商朝时候，就已有我。那时候的古人，已经开始用我在竹简、木片和绢（juàn）帛（bó）上写字。很多甲骨文也是先用我写在龟甲和兽骨上，再照着笔迹，用刻刀契（qì）刻而成。

秦朝时候，人们在我头上增加一个竹字头（⺮），突出我的竹管特性，另造一个"筆（bǐ）"字，代替我来表达毛笔这层意思。后来，"筆"字又简化为"笔"，成为钢笔、铅笔、圆珠笔等所有笔的统称。

"書（shū）""畫（huà）"二字，和"筆"字一样，都是用我做偏旁。这三个汉字减肥瘦身后，分别变成了"书""画""笔"，苗条是苗条了许多，只是从它们身上再也看不出我本来的模样。

古时候，我经常被借用为语气助词，用在句首或者句中，起着填补音节和顺承上下文的作用。"蟋蟀在堂，岁聿其莫（mù）"，就是这种用法。意思是说，蟋蟀避寒进屋，一年又到其末。

"吴云不律燕云弗，韵书又以律为聿。"（出自宋·方回《赠笔工杨日新》）

"来往扁舟岁聿除，流年风雨一萧疏。"（出自明·程嘉燧《除夕》）

很多古诗词里都有我的身影。

我来造字

我们这个家族的汉字，主要和笔有关。

我通常待在我朋友的右边，有时候也跑到其他位置。

因为我是以"聿"字的身份做偏旁，所以大家都叫我"**聿字旁**"。

小篆

建
隶书

我遇到建之旁（廴），
就变成了"建"字。

高层建筑，高屋建瓴（líng）。

小篆

律
隶书

遇到双人旁（彳），
就变成了"律"字。

我们懂法律，人人守纪律。
生活有规律，变革出新律。

小篆

肇
隶书

遇到"户"字和反文旁（攵），
就变成了"肇（zhào）"字。

"肇始"的同义词是"开始"。
"肇事"的同义词是"滋事"。

门字旁

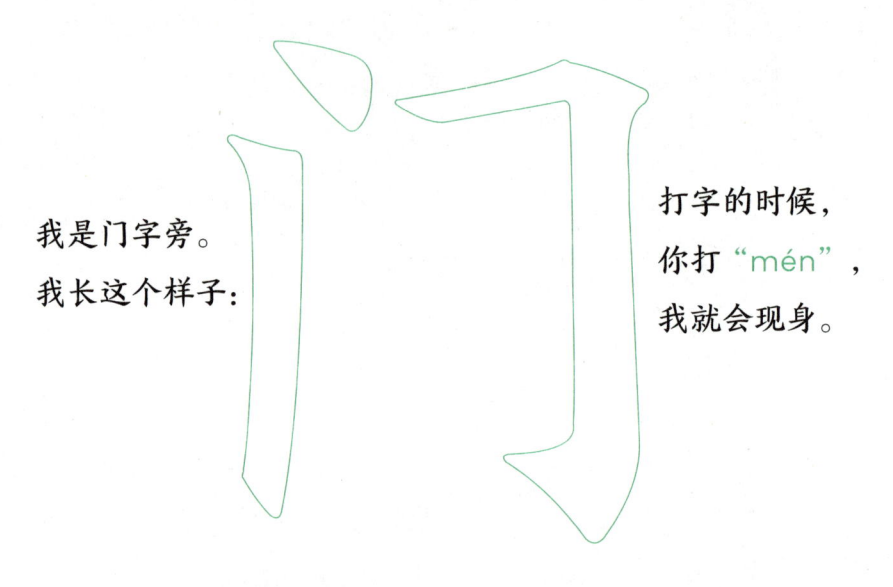

我是门字旁。
我长这个样子：

打字的时候，
你打"mén"，
我就会现身。

我的祖先很酷。它们长这个样子：

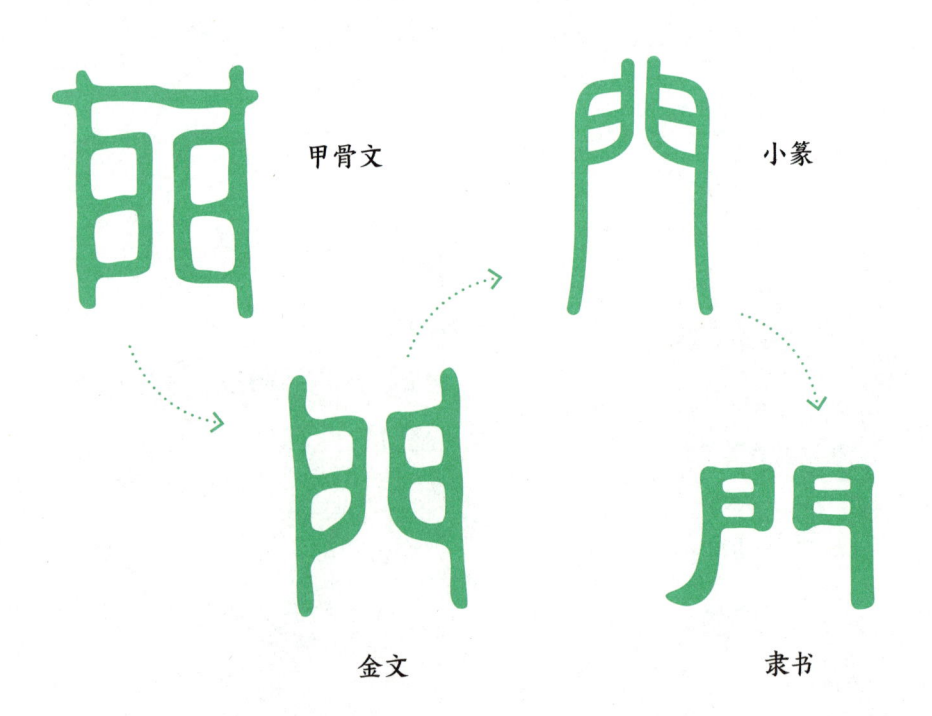

甲骨文

小篆

金文

隶书

你看我的甲骨文祖先,像不像两扇门的形状?上边那一横,是不是代表门楣(méi)?两边那两竖,是不是代表门柱?中间那两个"日"字形的笔画,是不是代表门板?金文祖先是不是省去门楣,只保留了两根门柱和两扇门板?

到了我这一辈,是不是最终演变成了一点一竖和一个横折钩?

我的故事

我呀,其实就是那个"门"字,是"門(mén)"的简化写法,最初的意思是房屋或者院落出入口。

我和"户"字可以组成"门户"一词。我指双扇门,它指单扇门。我们通常装设在门口处,能开能关,可以遮风挡雨,还能防止陌(mò)生人和野兽闯入。

我有时候"开门见山",有时候"出门见喜",有时候"门庭若市",有时候"门可罗雀"。

我很喜欢自己这个职业,也特别敬重贴在我身上的四大门神:神(shēn)荼(shū)、郁(yù)垒(lǜ)和秦琼、尉(yù)迟恭。我非常乐意和他们一道守好家宅,共保平安。

从人生的角度来看,人人都有自己的大门,人人都是自己的守门人。我祝愿大家一门心思求上进,掌握一门或多门学问,千万不要走歪门邪道,以免误了锦绣前程。

如果能够著书立说，开创新的门派，那是再好不过。

如果老是"射中门柱"，也不要灰心，坚持下去，总有"穿门而入"的那一刻。

"鸟宿池边树，僧敲月下门。"（出自唐·贾岛《题李凝幽居》）

"柴门闻犬吠，风雪夜归人。"（出自唐·刘长卿《逢雪宿芙蓉山主人》）

很多古诗词里都有我的身影。

我来造字

我们这个家族的汉字，主要和门有关。

我通常把我朋友装到我肚子里，有时候也跑到其他位置。

因为我是以"门"字的身份做偏旁，所以大家都叫我"门字旁"。

門

小篆

门

隶书

我遇到"一"字，
就变成了"闩（shuān）"字。

关门落闩。

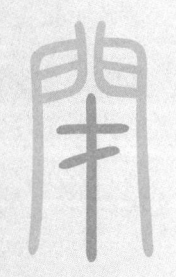

小篆

闭
隶书

遇到"才"字,
就变成了"闭"字。

夜不闭户。

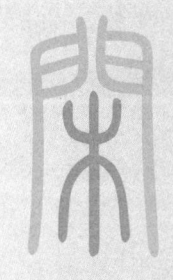

小篆

闲
隶书

遇到"木"字,
就变成了"闲"字。

闲是栅栏。门有间隙,可见月光。古时候有个"閒"字,意思是空间和空闲,后来这两层意思分别由"间"和"闲"代替它来表达。

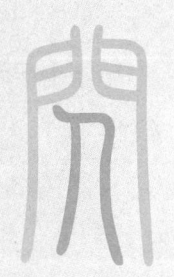

小篆

闪
隶书

遇到"人"字,
就变成了"闪"字。

一闪而过。

小篆

闯

隶书

遇到"马"字,
就变成了"闯"字。

闯进门来。

小篆

闹

隶书

遇到"市"字,
就变成了"闹"字。

大闹天宫。"闹"的本字是"鬧"。"鬧"字由"鬥(斗)"和"市"二字会意而来,意思是闹市争斗乱哄哄,声音嘈(cáo)杂不安静。"鬧"字后来错写成"鬧",以门(门)字旁为偏旁,再后来又简化为"闹"。

小篆

扪

隶书

遇到提手旁(扌),
就变成了"扪(mén)"字。

举手扪星辰。扪心自问。
扪死一只虱(shī)子。

户字旁

户

我是户字旁。
我长这个样子：

打字的时候，
你打"hù"，
我就会现身。

我的祖先很酷。它们长这个样子：

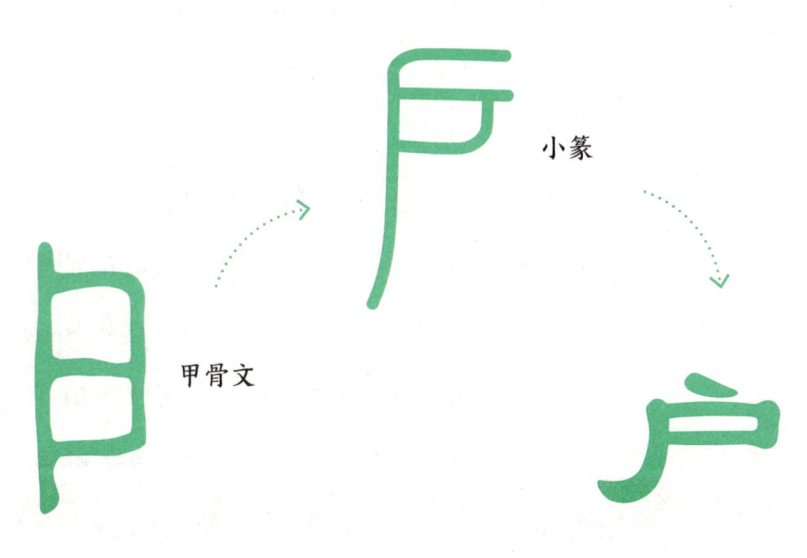

甲骨文 → 尸 小篆 → 户 隶书

你看我的甲骨文祖先,像不像单扇门的形状?左边那一竖,是不是代表门柱?右边那些笔画,是不是代表门板?

后来,是不是慢慢演变成了一点、一个横折和一横一撇?

我的故事

我呀,其实就是那个"户"字,最初的意思是单扇门。

"着羽为扇,生火为炉。"这则谜语说的就是我。

古有"一扇曰户,两扇曰门"之说。我和门没有太大的区别,只是扇数不同而已。

我虽然是一扇门,但也可以用来借指整个门。"足不出户"和"夜不闭户",都是这种用法。

我还经常被借用为量词,用来表示家庭单位。"十户人家"就是十个家庭。"门"字也经常被借用为量词,但它不是家庭单位,而是"一门心思""一门功课""一门大炮"什么的。

我素有"门户之见"，很难融入其他派别。

我门第观念很重，交友结亲时讲究"门当户对"。

我平时很辛苦，或者在家里帮人"守门户"，或者在派出所里帮人"落户口"，或者在银行里帮人"开账户"，一刻都不停歇。

"流水不腐，户枢（shū）不蠹（dù）。"我深知"生命在于运动"的道理，只有经常转动门轴，才能不被虫蛀（zhù）。

"燕来犹旧户，花落自空庭。"（出自明·止庵法师《晏起》）

"岂作书生老，当封万户侯。"（出自唐·司空曙《送王使君赴太原拜节度副使》）

很多古诗词里都有我的身影。

我来造字

我们这个家族的汉字，主要和门户有关。

我通常像雨衣一样披在我朋友的身上，有时候也跑到其他位置。

因为我是以"户"字的身份做偏旁，所以大家都叫我"*户字旁*"。

扉
小篆

扉
隶书

我遇到"非"字，
就变成了"扉（fēi）"字。

小扣柴扉久不开。

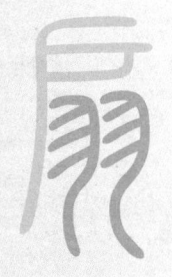

扇
小篆

扇
隶书

遇到"羽"字，
就变成了"扇"字。

小鸟扇（shān）动翅膀，似门扇（shàn）一张一合。

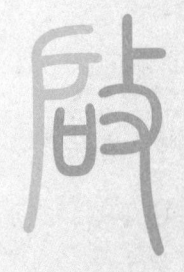

启
小篆

启
隶书

遇到"口"字，
就变成了"启"字。

启明星升起的时候启程。
"启"是"啓"的简化字。

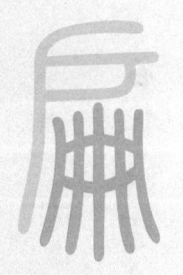

小篆

扁 隶书

遇到"册"字，
就变成了"扁"字。

一根扁（biǎn）担。
一叶扁（piān）舟。

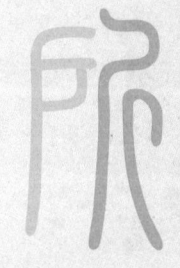

小篆

所 隶书

遇到"斤"字，
就变成了"所（suǒ）"字。

"伐木所所"，所有人都听到了从《诗经》里传来的伐木声。

小篆

沪 隶书

遇到三点水（氵），
就变成了"沪"字。

吴淞（sōng）江下游近海一段，古称"沪（hù）渎（dú）"。沪是捕鱼的竹栅（zhà），人们通常在此布沪捕鱼，同时也是"水之门户"，有入海口之义。渎是自发源地流出，直通大海的河流。
"沪"是"滬"的简化字。

选自《唐人写经》

名帖赏析

　　佛教自汉代传入中国，至唐代达到鼎盛，人们信奉佛教，抄写经书活动日益频繁。此类经书多是职业抄经者——经生所书，俗称为"经生书"。《唐人写经》即是当时的抄经者遗留下来的墨迹，卷尾写有"经生沈弘写"等落款。该卷系小楷，兼有行书笔意，运笔精到，错落有致，变化多端，融遒（qiú）劲（jìng）与清逸于一体。

片字旁

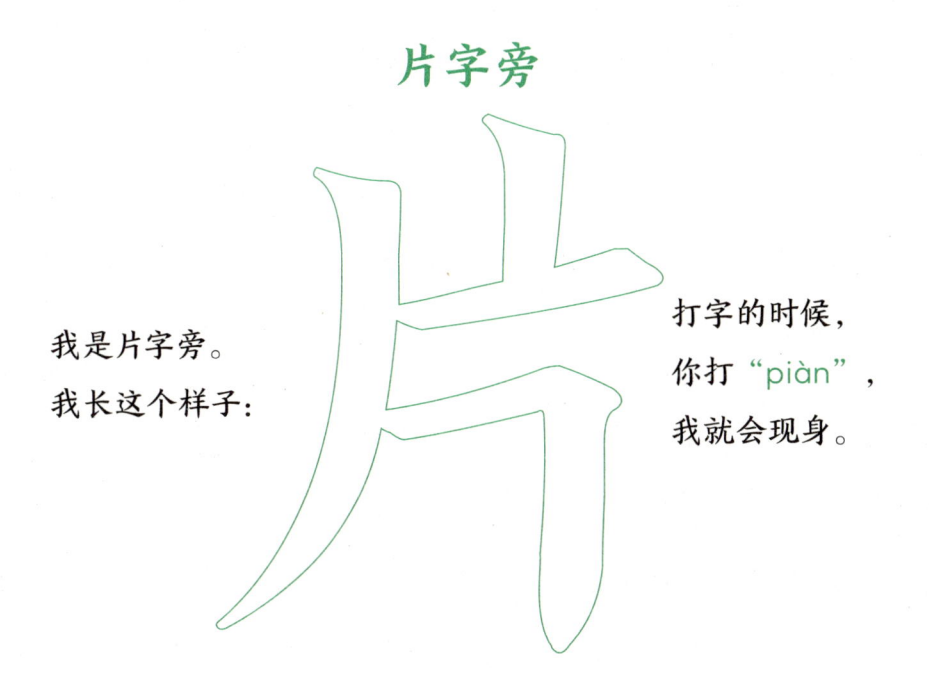

我是片字旁。
我长这个样子：

打字的时候，
你打"piàn"，
我就会现身。

我的祖先很酷。它们长这个样子：

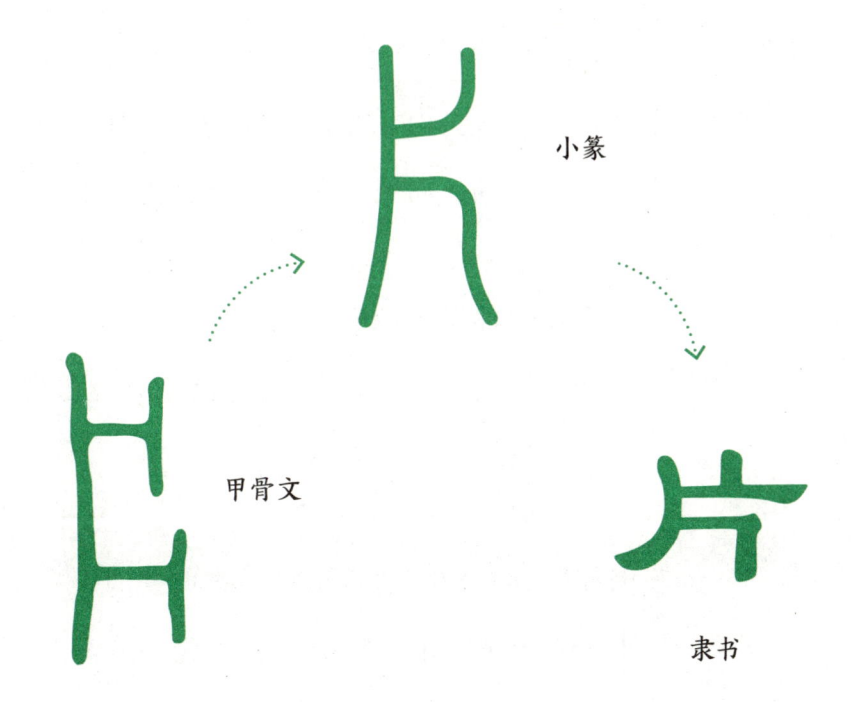

小篆

甲骨文

隶书

你看我的甲骨文祖先,像不像是一张竖起来的床?左边那一竖,是不是代表床板?右边那两横两竖,是不是代表床腿和床脚?

后来,是不是慢慢演变成了一撇、一竖一横和一个横折?

我的故事

我呀,其实就是那个"片"字,最初的意思是木板床。

古时候,一字可以左右反写。我和"爿(pán)"字就是反写的一对。我们最初的意思都一样,后来才有了区别,而且"爿"字还分化出了一个将字旁(丬)。

当我们都做了偏旁以后,人们另造一个"牀(chuáng)"字,代替我们来表达木板床这层意思。"牀"字后来又简化为"床"。

《说文解字》里说我是"判木","从半木"。我因而还含有判木的意思,泛指劈开的木片。您仔细看看,将"木"字的小篆祖先一分为二,劈成两半后，左边是不是"丬"字？右边是不是我？

作为劈开的木片，我又平又薄。人们习惯用我来借指类似此种形状的物体。"刀片""叶片""肉片"，都是这种用法。表达这层意思时，我还有个读音为"piān"。"相片""唱片""幻灯片"，都是这种读法。

又平又薄，自然不够厚重，不够多。人们也用我来形容量少，或者短小、短暂（zàn）。"片言只语""片段""片刻"，都是这种用法。

我还经常被借用为量词。"一片树叶""一片药""一片汪洋""一片欢呼声"，都是这种用法。

直到现在，我还保留着"判木"的属性，偶尔也被人们用作动词。"片肉片"和"片黄瓜"，都是这种用法。

"溪中一片云，分作千林雨。"（出自明·张于垒《庐山看云》）

"蝶随花片落，燕拂（fú）水纹飞。"（出自宋·左纬《春晚》）

很多古诗词里都有我的身影。

我来造字

我们这个家族的汉字，主要和木板以及木片有关。

我总是待在我朋友的左边。

因为我是以"片"字的身份做偏旁，所以大家都叫我"片字旁"。

小篆

版

隶书

我遇到"反"字，
就变成了"版"字。

雕（diāo）版印刷，始于隋（suí）朝。

小篆

牍

隶书

遇到"卖"字，
就变成了"牍（dú）"字。

尺牍是书信。案牍是公文。连篇累牍是文辞冗（rǒng）长。
"牍"是"牘"的简化字。

小篆

牌
隶书

遇到"卑"字，
就变成了"牌"字。

地方有界牌，店铺有招牌，将军有令牌，冠军有金牌。

小篆

牒
隶书

遇到"枼（yè）"字，
就变成了"牒（dié）"字。

通关文牒，用来出关。最后通牒，限期答复。

小篆

牖
隶书

遇到"户"字和"甫"字，
就变成了"牖（yǒu）"字。

盈（yíng）盈楼上女，皎（jiǎo）皎当窗牖。牖是窗户。

将字旁

我是将字旁。
我长这个样子：

打字的时候，
你打"pán"，
我就会现身。

我的祖先很酷。它们长这个样子：

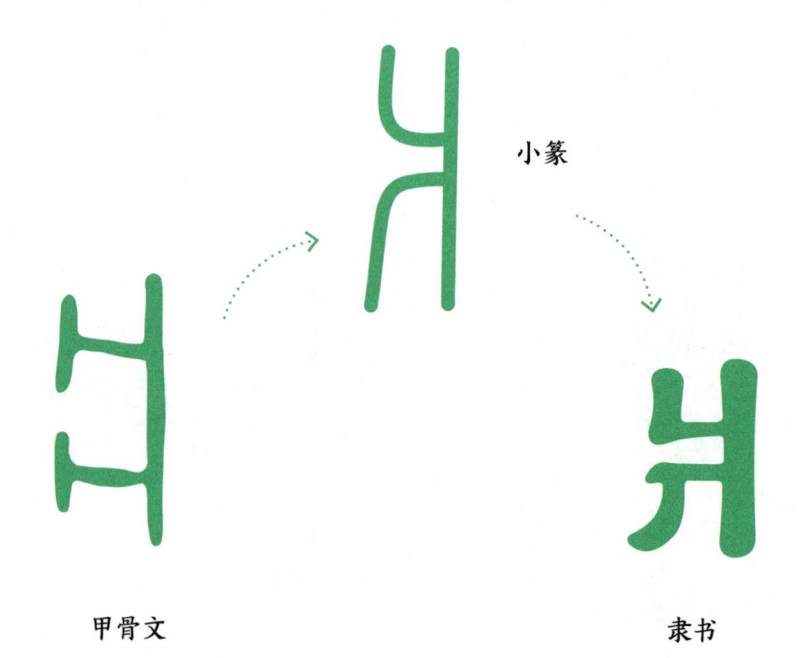

小篆

甲骨文　　　　　　　　　　　隶书

你看我的甲骨文祖先,像不像是一张竖起来的床?右边那一竖,是不是代表床板?左边那两横两竖,是不是代表床腿和床脚?

后来,是不是慢慢演变成了一个竖折、一竖和一横一撇?到了我这一辈,是不是最终演变成了一点一提和一竖?

我的故事

我呀,其实就是那个"爿(pán)"字,是它分化出来的写法,最初的意思是木板床。

我既然是"爿"字的变体,自然也属于爿族,很了解自己这个家族的特性。

古时候,"爿"字和"片"字属于同一个汉字的两种形式,可以左右反写。后来,它们的意思和用法渐渐有了分化。当它们都做了偏旁以后,人们另造一个"牀(chuáng)"字,代替它们来表达木板床这层意思。"牀"字后来又简化为"床"。

"爿"字和"片"字,除了像木板床,也形似"木"字的小篆从中间剖开之后的左右两半。它们因而也指劈开的木片。

木片是一片一片的。每片木片都有自己的独立身份。"爿"字偶尔也被借用为量词,意思等同于"块""家""座"等字。"一爿田""一爿商店""一爿旅馆",都是这种用法。

"潭上片云起,千山风雨来。"(出自宋·陈肃《投龙潭》)

"蓬窗隔世尘,但有书满床。"[出自宋·陈造《雁汊(chà)东守风四首》]

这些古诗词里的"片"字和"床"字,让我感到非常亲切,同时跟着沾染了一番诗意。

我来造字

我们这个家族的汉字,主要和木板以及木片有关。

我总是待在我朋友的左边。

因为"将"字是我们这个家族的常见字,我是"将"字的偏旁,所以大家都叫我"将字旁"。

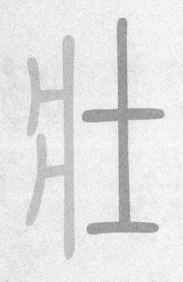

小篆

壮
隶书

我遇到"士"字,
就变成了"壮"字。

壮士匣(xiá)中刀,犹作风雨鸣。

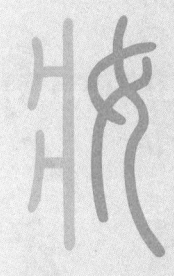

小篆

妆
隶书

遇到"女"字,
就变成了"妆"字。

懒起画蛾眉,弄妆梳洗迟。

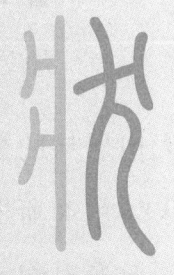

小篆

状
隶书

遇到"犬"字,
就变成了"状"字。

三百六十行,行行出状元。

文征明《琵琶行》

> 好竹商人妇商人重利轻
> 别离前月浮梁买茶去
> 去来江口守空船遶船明
> 月江水寒夜深忽梦少
> 年事梦啼妆泪红阑干

名帖赏析

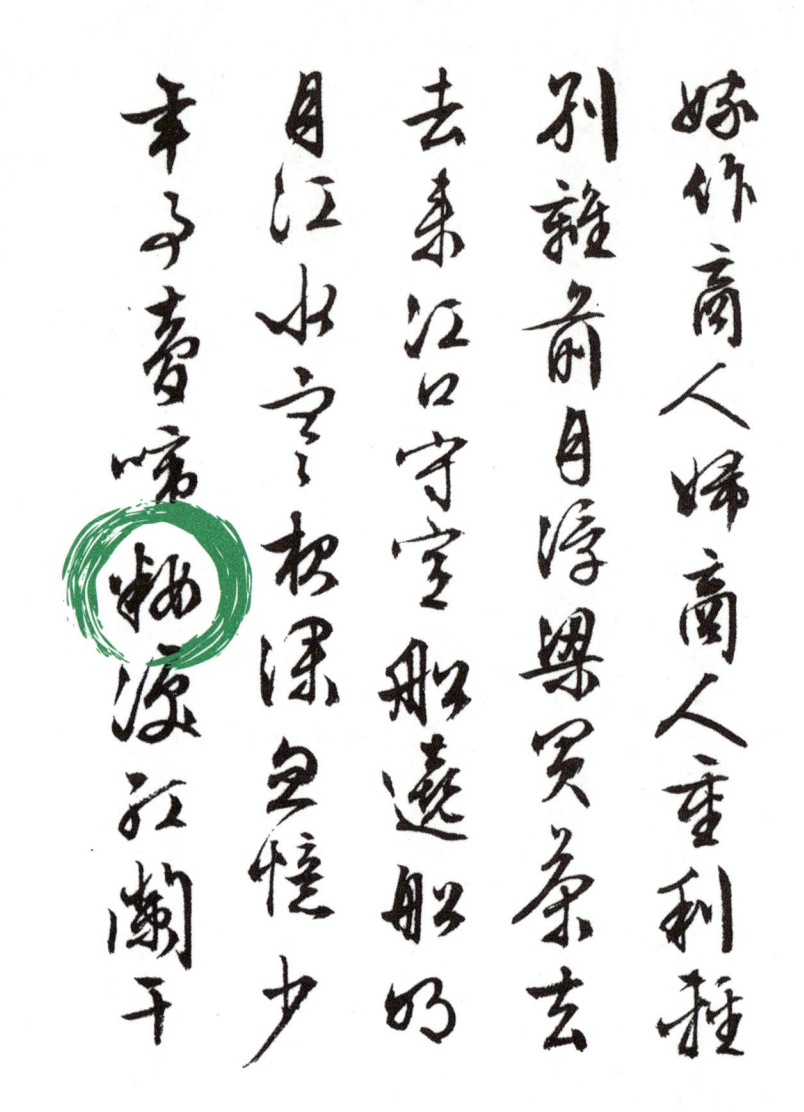

《琵琶行》是唐朝著名诗人白居易的名作。文征明书《琵琶行》，是文征明88岁时所书，以行书写就，现藏于湖南博物院。此卷温润秀劲，意态生动，颇得晋唐神韵，满溢文人雅气，是文征明晚年的精品力作。

弋字旁

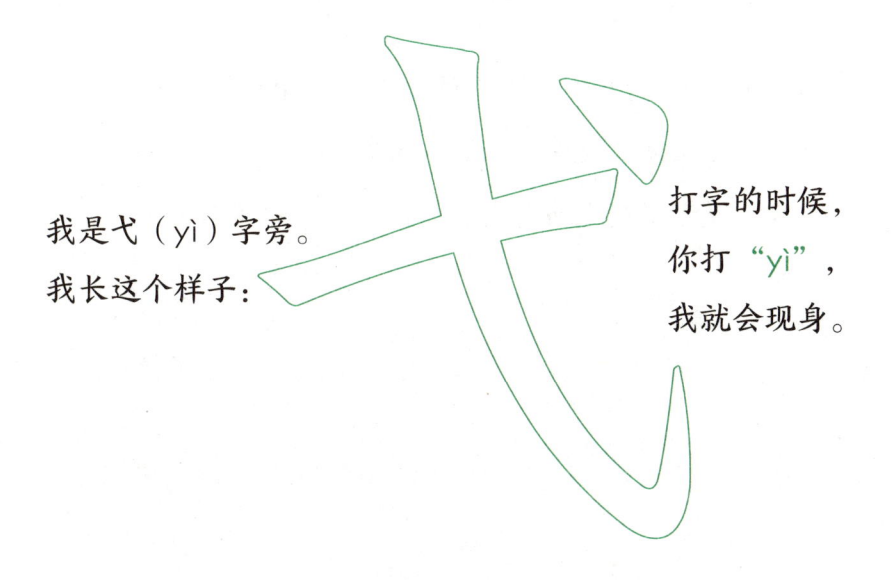

我是弋（yì）字旁。
我长这个样子：

打字的时候，你打"yì"，我就会现身。

我的祖先很酷。它们长这个样子：

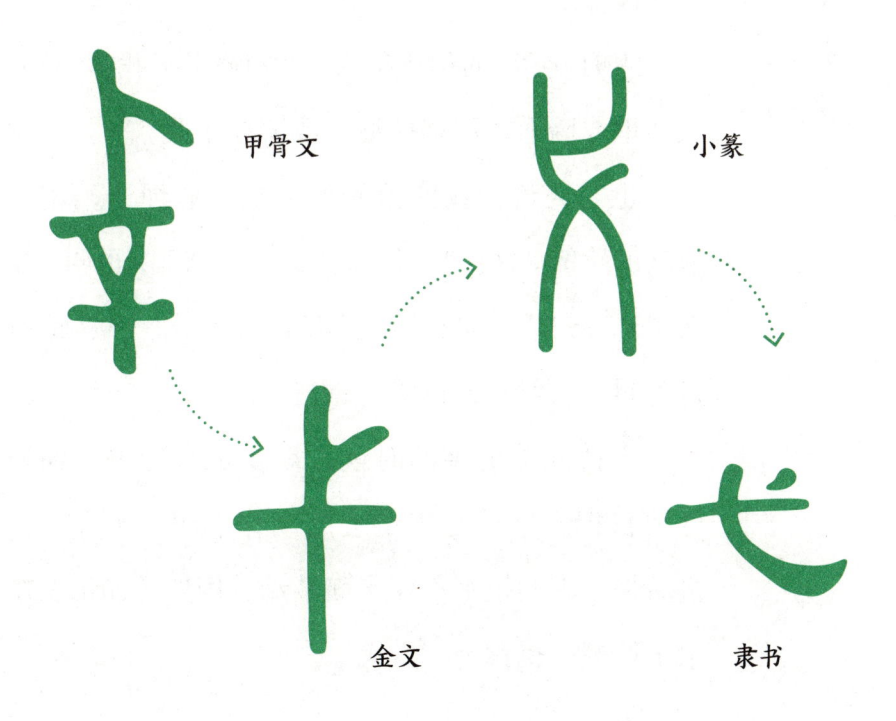

甲骨文

小篆

金文

隶书

你看我的甲骨文祖先，像不像顶端带杈，下端揳（xiē）入地里的尖木橛（jué）？下边那一横，是不是代表地面？金文祖先是不是直接演变成了一个树杈和一横？

后来，是不是慢慢演变成了一横、一个斜钩和一点？

我的故事

我呀，其实就是那个"弋"字，最初的意思是木橛。

古时候，我的作用很大。人们通常把我揳（xiē）入地里或墙上，用来拴牲口或者挂东西。

也有人说，我的祖先像一端系有绳子，用来射鸟的短箭。这种箭叫"矰（zēng）弋"，也叫"矰缴（zhuó）"。缴是系在箭上的绳子。用这种箭射鸟叫"弋射"，也叫"缴射"。

手持此箭射鸟的时候，需要走来走去，到处寻找目标。这种走来走去的动作，叫"游弋"。再后来，人们把水鸟在水面游动、舰艇（tǐng）在水中巡逻，也称为"游弋"。

江西有个弋阳县，古县治位于弋水以北。据说弋水是因"水形横斜似弋"而得名。整条河流居然长得像我这个汉字，我觉得甚为荣幸！

"溪石谁思玉匠爱，烟鸿愿与弋人疏。"（出自唐·姚合《酬礼部李员外见寄》）

"冥（míng）鸿已高翔，弋者应相忘。"（出自宋·姜特立《过钓台》）

很多古诗词里都有我的身影。

我来造字

我们这个家族的汉字，主要和木橛有关，和弋射有关。

我通常像雨衣一样披在我朋友的身上，有时候也跑到其他位置。

因为我是以"弋"字的身份做偏旁，所以大家都叫我"**弋字旁**"。

小篆

杙

隶书

我遇到"木"字，
就变成了"杙（yì）"字。

老翁堑（qiàn）水西南流，杨柳中间杙小舟。"杙"的意思也是木橛。因为木橛可以系牛马、拴舟船，所以又引申为系和拴的意思。

小篆

式

隶书

遇到"工"字，
就变成了"式"字。

各有各的样式。

小篆

忒

隶书

遇到"心"字，
就变成了"忒"字。

"忒（tuī）"是方言。风忒大，意思是风太大。"日月不过，四时不忒（tè）"，"过"和"忒"都是差错。天地总是顺应而动，日月运行和四季交替都不会出现偏差。

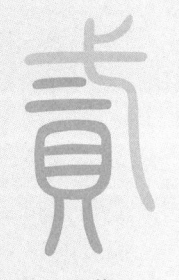

小篆

贰
隶书

遇到"二"字和"贝"字,
就变成了"贰（èr）"字。

"二十元"的大写是"贰拾圆"。

小篆

鸢
隶书

遇到"鸟"字,
就变成了"鸢（yuān）"字。

鸢飞鱼跃,各得其所。

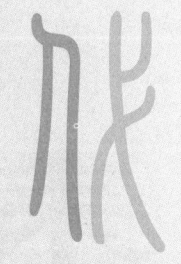

小篆

代
隶书

遇到单人旁（亻）,
就变成了"代"字。

人事有代谢,往来成古今。

耒字旁

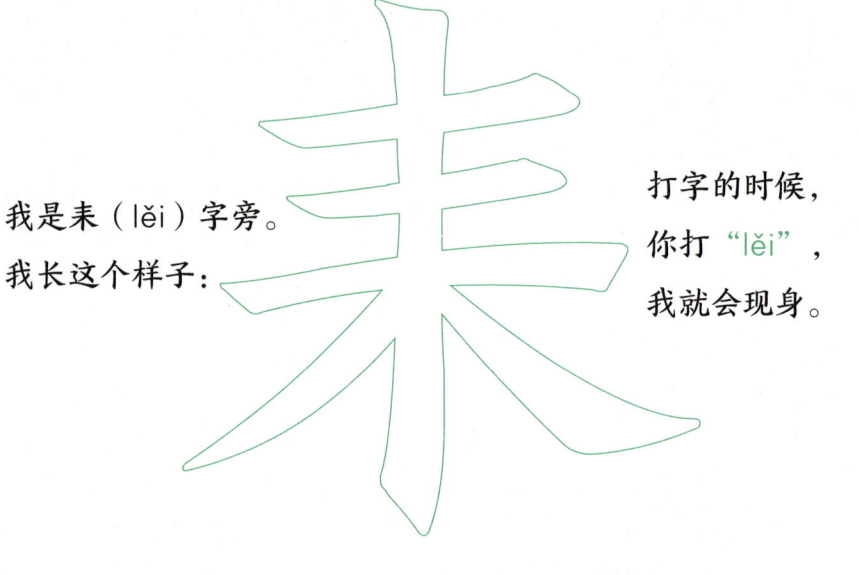

耒

我是耒（lěi）字旁。
我长这个样子：

打字的时候，
你打"lěi"，
我就会现身。

我的祖先很酷。它们长这个样子：

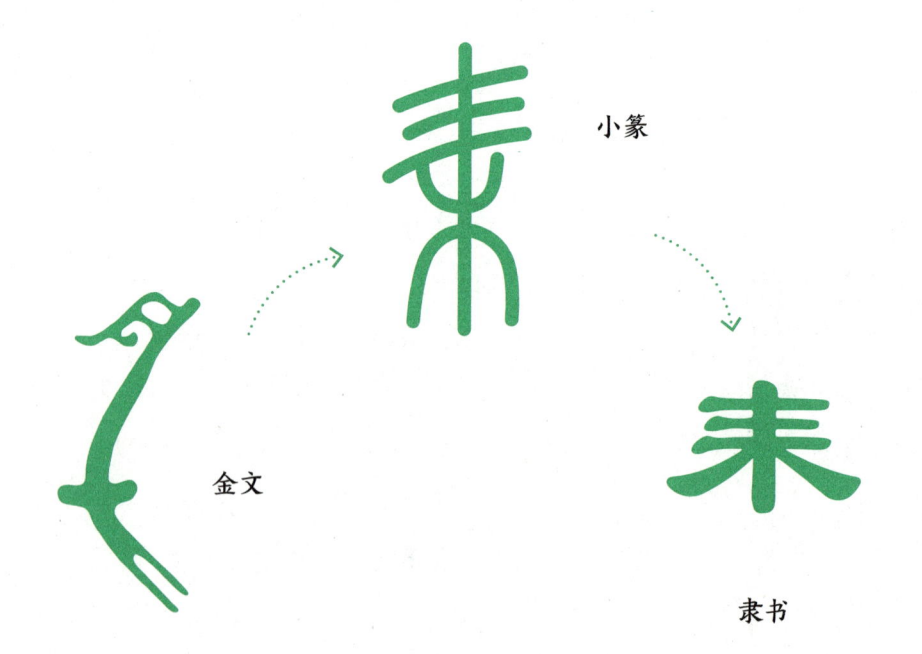

小篆

金文

隶书

你看我的金文祖先，像不像手持双齿曲柄农具的形状？拐弯处那一横，是不是代表踏脚用的横木？小篆祖先身上的农具，是不是演变成了一个"木"字，突出了自身的木质属性？握持农具的手，是不是演变成了三道斜线？

后来，是不是慢慢演变成了三横一竖和一撇一捺？

我的故事

我呀，其实就是那个"耒"字，最初的意思是一种形似木叉，用来翻土的双齿曲柄农具。

《易经》里说："包牺氏没，神农氏作，斫（zhuó）木为耜（sì），揉（róu）木为耒。"包牺氏，就是伏羲（xī）氏。他去世以后，神农氏兴起。神农氏，就是炎帝。他制作出我和耜两种农具，让老百姓用来耕种土地。

相传耒水流域（yù）是神农氏制耒的地方，因此取名为"耒水"。耒阳城也因位于耒水以北而得名。

"耕者必有一耒、一耜、一铫（yáo），若其事立。"古代种地的人，一定要有一件我、一件耜和一件大锄，然后才能进行耕作之事。

古有"跖（zhí）耒而耕"之说。我上为曲柄，下为双齿，双齿上方有一踏脚用的横木。使用时，双手持柄，脚踏横木，将双齿插入土中，即可翻耕土地。

耜则是一种铲状翻土农具。我们合称为"耒耜"，泛指农具，同时也借指耕种。后来，人们逐渐拥有了以人力或者畜力为牵引，能够连续翻土的石犁、铜犁和铁犁。现在，又广泛使用拖拉机等机械动力，耕起地来又快又好。

"春深溪路少人行，时听田间耒耜声。"（出自宋·苏辙《次韵子瞻新城道中》）

"莫言耒耜苦，且愿甲兵休。"（出自宋·蒲寿宬《种麦》）

很多古诗词里都有我的身影。

我来造字

我们这个家族的汉字，主要和农具有关。

我通常待在我朋友的左边，有时候也跑到其他位置。

因为我是以"耒"字的身份做偏旁，所以大家都叫我"耒字旁"。

小篆

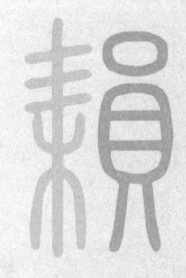

耘

隶书

**我遇到"云"字，
就变成了"耘（yún）"字。**

春耕夏耘，秋收冬藏。
耕是耕田，耘是除草。
"耘"原本是"䎫"的异体字，
现在以"耘"为正体字。

小篆

耙

隶书

**遇到"巴"字，
就变成了"耙"字。**

脚踏长方形木耙（bà），驱牛耙地，耙碎土块，耙平地面。九齿钉耙（pá），倒打一耙。

耩

小篆

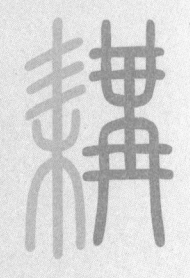

耩

隶书

遇到"冓（gòu）"字，
就变成了"耩（jiǎng）"字。

耩子就是耧（lóu）车，相当于条播播种机，可以耩麦子和耩棉花。

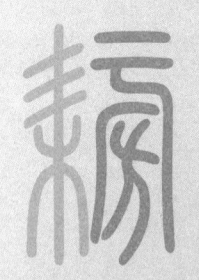

耪

小篆

耪

隶书

遇到"旁"字，
就变成了"耪（pǎng）"字。

用锄头耪地，既能锄草，也能松土。

小篆

耨

隶书

遇到"辱"字，
就变成了"耨（nòu）"字。

耨由蜃（shèn）壳磨制而成，和锄统称为"锄耨"，泛指锄草和松土的农具。

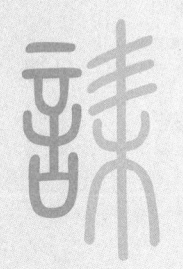

小篆

诔

隶书

遇到言字旁（讠），
就变成了"诔（lěi）"字。

诔辞即诔文，相当于悼词。古有"贱不诔贵，幼不诔长"之说。

辰字旁

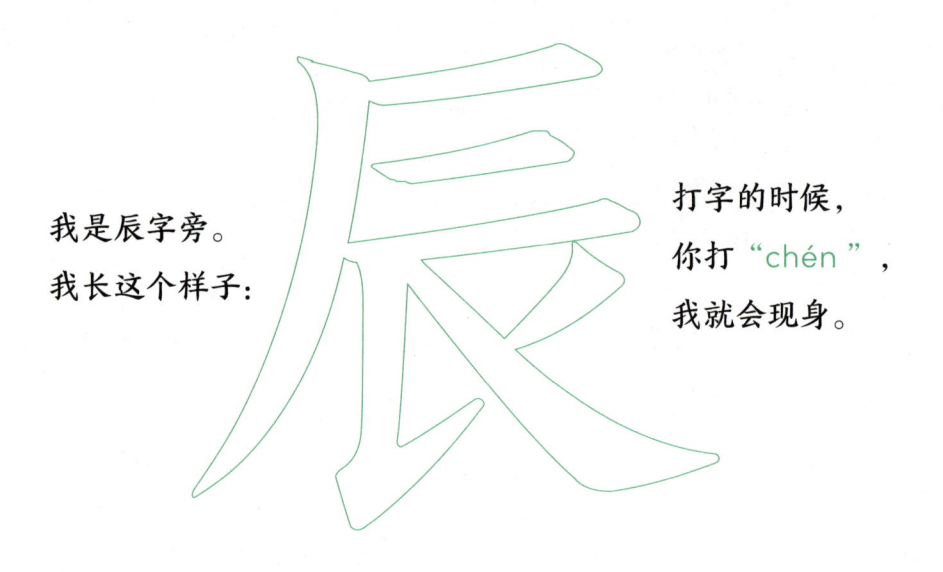

我是辰字旁。
我长这个样子：

打字的时候，
你打"chén"，
我就会现身。

我的祖先很酷。它们长这个样子：

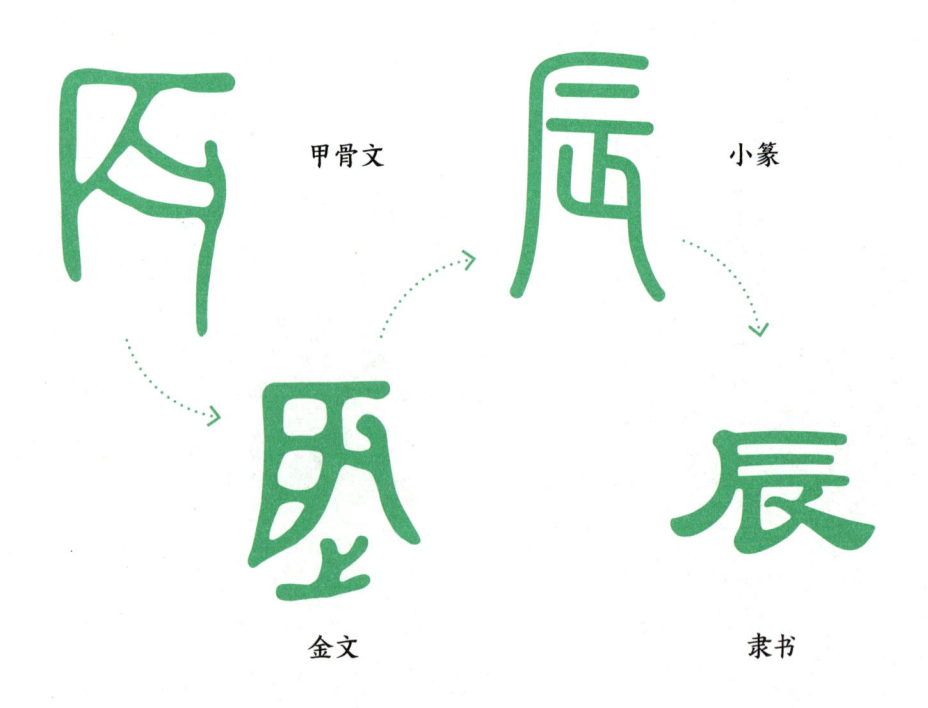

甲骨文

小篆

金文

隶书

你看我的甲骨文祖先，像不像一人站立，双手持蜃（shèn）壳样农具劳作的形状？金文祖先下边，是不是增加了一只脚，用来表示手脚配合，持器耕作？

后来，是不是慢慢演变成了一横一撇、两横、一个竖提和一撇一捺？

我的故事

我呀，其实就是那个"辰"字，最初的意思是用蜃壳磨制而成的除草松土的农具。

蜃即大蛤（gé）蜊（lí），传说它吐气能变成海市蜃楼。古人喜欢用蜃壳来磨制锄具。

我还是"十二地支"之一，主要用来纪年、纪月、纪日和纪时。

《说文解字》里说我是"震也"。"震"的意思是震动。我和"震"字韵母相同。按照许慎先生的说法，我对应着夏历三月。此时阳气回升，雷电震动，是开始耕种的时节。我作为农事的象征，正好与三月合拍。三月因此也叫"辰月"。

我对应着"十二时辰"之一的辰时。

辰时是指早上七点到九点这个时间段，即吃早饭的时间，也叫"食时"。

辰时是群龙行雨的时刻。人们习惯将"十二生肖"之龙称为"辰龙"。

古时候，一天分为十二个时辰。钟表传入中国后，一天分为二十四个时段。人们开始称过去的一个时辰为"大时"，现今的一个时段为"小时"。"大时"大，"小时"小。"大时"是"小时"的两倍。

我和"星"字组成"星辰"一词，泛指星星。

我还是日、月、星的统称。"天有三辰，地有五行。""三辰"指的就是日、月、星这三种天象。它们和我一样，都与农事有关。

我经常被假借而去，用来表示地支和天象。人们索性在我下边增加一个表示手持意思的"寸"字，另造一个"辱"字，代替我来表达除草松土的农具这层意思。

作为农具的辱，经常伸入秽（huì）草和泥土之中，由此又引申出辱没和辜（gū）负等意思。人们又在"辱"字左边增加一个表示农具意思的"耒"字，另造一个"耨（nòu）"字，来表达除草松土的农具这层意思。

古有"磨蜃而耨"之说。耨和辱一样，依然是蜃壳所制。

有了铜铁后，人们造出了铫（yáo）。铫比蜃壳做的耨要大，是耨的改进版。

"耡（chú）"字的意思，也是除草松土的农具。它演变成"鋤（chú）"后，和"耨"合称为"鋤耨"，泛指除草松土的农具。

再后来，"鋤"字简化为"锄（chú）"，成为除草松土农具的统称。

"危楼高百尺，手可摘星辰。"（出自唐·李白《夜宿山寺》）

"此去经年，应是良辰好景虚设。"[出自宋·柳永《雨霖铃（寒蝉凄切）》]

很多古诗词里都有我的身影。

我来造字

我们这个家族的汉字，主要和农耕有关。

我通常待在我朋友的脚下，有时候也跑到其他位置。

因为我是以"辰"字的身份做偏旁，所以大家都叫我"辰字旁"。

小篆

震

隶书

我遇到"雨"字,
就变成了"震"字。

名震天下。

小篆

娠

隶书

遇到"女"字,
就变成了"娠"字。

妊（rèn）娠（shēn）期即怀孕期。

小篆

赈

隶书

遇到"贝"字,
就变成了"赈（zhèn）"字。

开仓放粮,赈济灾民。

车字旁

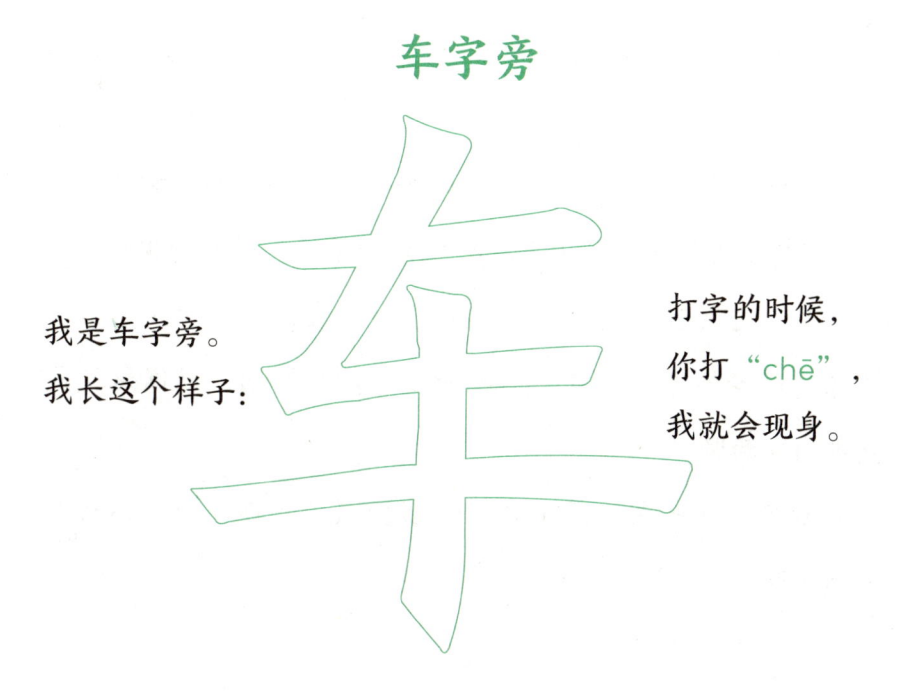

我是车字旁。
我长这个样子：

车

打字的时候，
你打"chē"，
我就会现身。

我的祖先很酷。它们长这个样子：

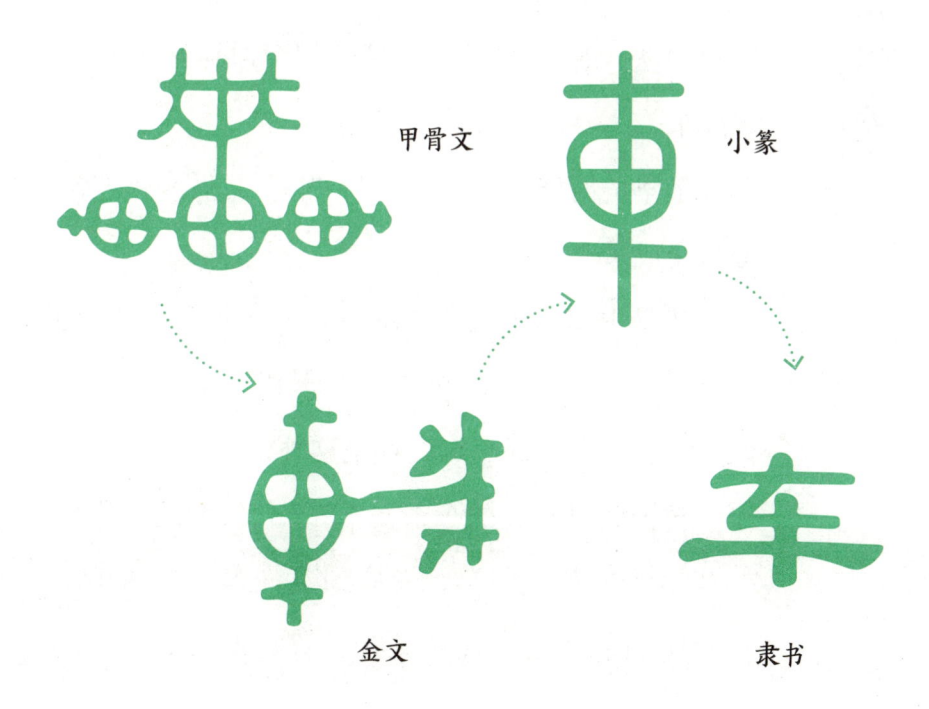

甲骨文

小篆

金文

隶书

你看我的甲骨文祖先，像不像古代的单辕马车？是不是带有一衡、两轭（è）、一辕、一舆（yú）、一轴、两轮和两键？

后来，是不是省去其他部件，只保留了一舆一轴和两键？当然了，这两键也可以说是两轮。因为它们除了像是两键，还像是两轮的省写，省去两轮身上的两个圆圈，只保留了圆圈中间那两竖。

到了我这一辈，是不是最终演变成了一横、一个撇折和一横一竖？

我的故事

我呀，其实就是那个"车"字，是"車"的简化写法，最初的意思是带轮的交通运输工具或者战车。

最早的时候，我的读音为"jū"。后来，才慢慢演变成了"chē"。

我是中国象棋里特别重要的一枚棋子。"jū"这个读音，唯一在象棋文化里保留下来。"丢车保帅"和"舍卒保车"，都是这种读法。

传说我是夏朝的车正奚（xī）仲发明的。我从一开始的牛车、马车，发展到蒸汽车、汽油车，再发展到电动车。现在又有了智能无人驾驶车，未来不知还会有什么类型的我诞生。

古时候的战争以车战为主，我是主角。"一乘（shèng）"指的是一辆四匹马拉的战车。"千乘之国"和"万乘之国"，都是兵力雄厚的强国。

与我有关的一种酷刑，叫"车裂"，也叫"五马分尸"。行刑的时候，把人头和四肢绑在五辆马车上，向不同的方向奔驰，直至将人体撕裂。

我喜欢"车同轨，书同文，行同伦"的生活氛围。虽然这样做会牺牲自我个性，但是可以促进彼此融合，保持秩序井然。

我喜欢过"车马盈（yíng）门"和"车水马龙"的生活，也好为人师，喜欢给大家提供"前车之鉴"。

"车到山前必有路。"大家无路可走的时候，往往都是我把大家带到山前。

"车马去匆匆，路随芳草远。"[出自宋·何大圭《小重山（绿树莺啼春正浓）》]

"愿作车后尘，逐君车轮去。"（出自明·孙一元《驱车复驱车》）

很多古诗词里都有我的身影。

我来造字

我们这个家族的汉字，主要和车辆有关。

我通常待在我朋友的左边，有时候也跑到其他位置。

因为我是以"车"字的身份做偏旁，所以大家都叫我"车字旁"。

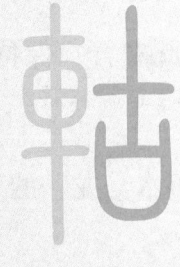

小篆

轱
隶书

我遇到"古"字，
就变成了"轱"字。

车轱（gū）辘（lu）话来回说。

小篆

辙
隶书

遇到"育"字和反文旁（攵），
就变成了"辙（zhé）"字。

前有车，后有辙。

小篆

轩

隶书

遇到"干"字,
就变成了"轩（xuān）"字。

轩有时候是前顶高、后顶低，带有围棚的车子，可以"乘轩而至"。有时候是窗户，可以"开轩面场圃（pǔ）"。有时候是带窗的长廊（láng）或者廊檐（yán），可以"傲啸东轩下"。有时候是带窗的小屋，可以"读书轩中"。

小篆

轰

隶书

遇到"双"字,
就变成了"轰（hōng）"字。

雷声轰隆隆（lōng）。
"轰"是"轟"的简化字。

干字旁

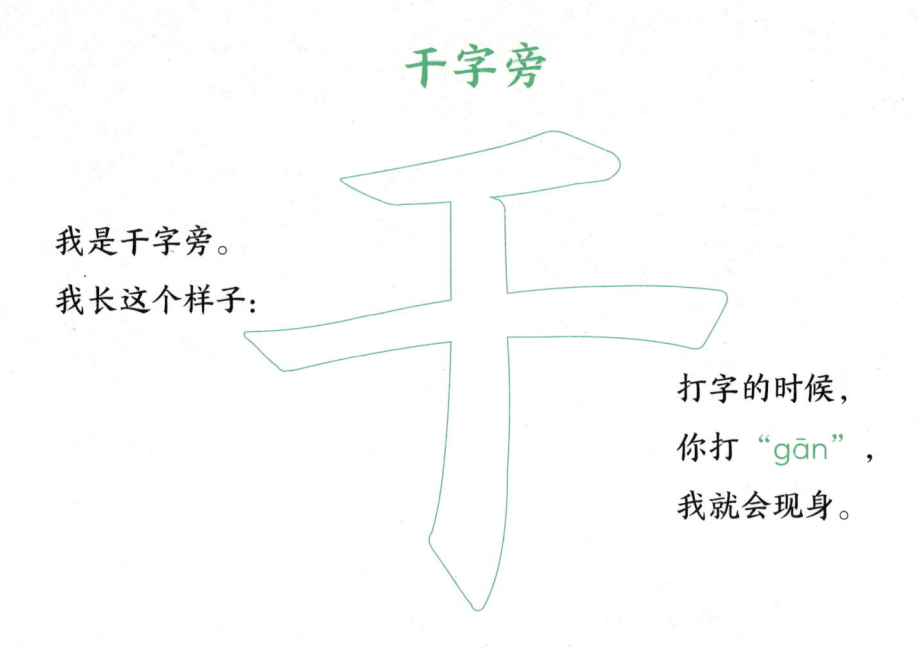

我是干字旁。
我长这个样子：

干

打字的时候，
你打"gān"，
我就会现身。

我的祖先很酷。它们长这个样子：

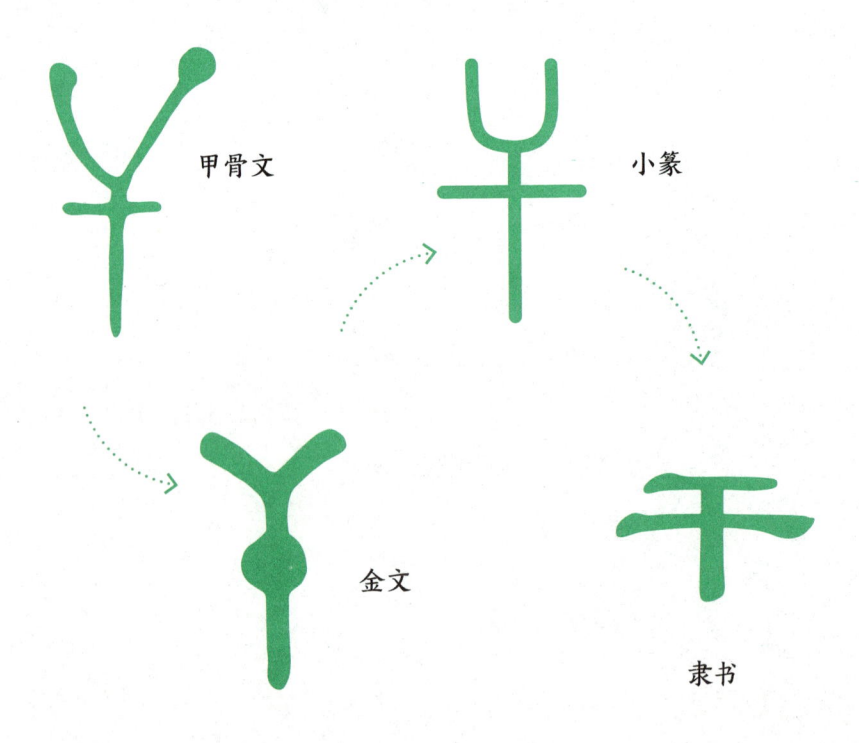

甲骨文

小篆

金文

隶书

你看我的甲骨文祖先，像不像树杈的形状？杈头上那两点，是不是对树杈攻击力的突出和强调？杈柄上那一横，是不是表示对握持部位的突出和强调？

后来，是不是慢慢演变成了两横一竖？

我的故事

我呀，其实就是那个"干"字，最初的意思是叉形武器。

我是古人就地取材，用树杈制作而成的。我可以叉住敌人和猎物，使他们无法动弹，从而制服和捕获他们。

或许因为我同时具有防御作用吧，古人也常用我来借指盾牌。"刑天舞干戚"，神话里的刑天挥舞的就是盾牌和大斧。

我和"戈"字组成"干戈"一词，泛指兵器，借指战争。如果真打起仗来，我能防御，它能进攻，是一对很好的搭档。

古代的"天干地支"，简称为"干支"，据

说就是取义于树木的干和枝。"十天干"分别是：甲、乙、丙、丁、戊（wù）、己、庚（gēng）、辛、壬（rén）、癸（guǐ）。我很高兴能和它们搭上关系。

古人有时会将我和"涧（jiàn）""岸"二字通假而用。我因而还含有山涧和水岸这两层意思。"秩秩斯干，幽幽南山"，是这种用法。"白鸟朱冠，鼓翼池干"，也是这种用法。

我还是"乾（gān）"字的简化写法，意思是干燥。

我同时也是"幹（gàn）"字的简化写法。"幹"字由"榦（gàn）"演变而来。最初的意思是古代用版筑筑墙时，竖在长板两侧的木桩，引申为主干、才干和干事等意思。

"春色恼人眠不得，月移花影上栏干。"（出自宋·王安石《夜直》）

"城头铁鼓声犹震，匣（xiá）里金刀血未干。"（出自唐·王昌龄《出塞二首》）

很多古诗词里都有我的身影。

我来造字

我们这个家族的汉字,主要和树干有关,和干燥有关。

我通常待在我朋友的左边或者右边,有时候也跑到其他位置。

因为我是以"干"字的身份做偏旁,所以大家都叫我"干字旁"。

小篆

杆
隶书

我遇到"木"字,
就变成了"杆"字。

幽人无世事,终日倚栏杆。古时候"栏杆"也写成"栏干"。

小篆

竿
隶书

遇到竹字头(⺮),
就变成了"竿"字。

过江千尺浪,入竹万竿斜。

小篆

秆

隶书

遇到"禾"字,
就变成了"秆"字。

谷穗（suì）无一粒,遗秆如立箭。

小篆

赶

隶书

遇到"走"字,
就变成了"赶"字。

若到江南赶上春,千万和春住。

小篆

旱

隶书

遇到"日"字,
就变成了"旱"字。

秋近更漏长,天旱星宿繁。

戈字旁

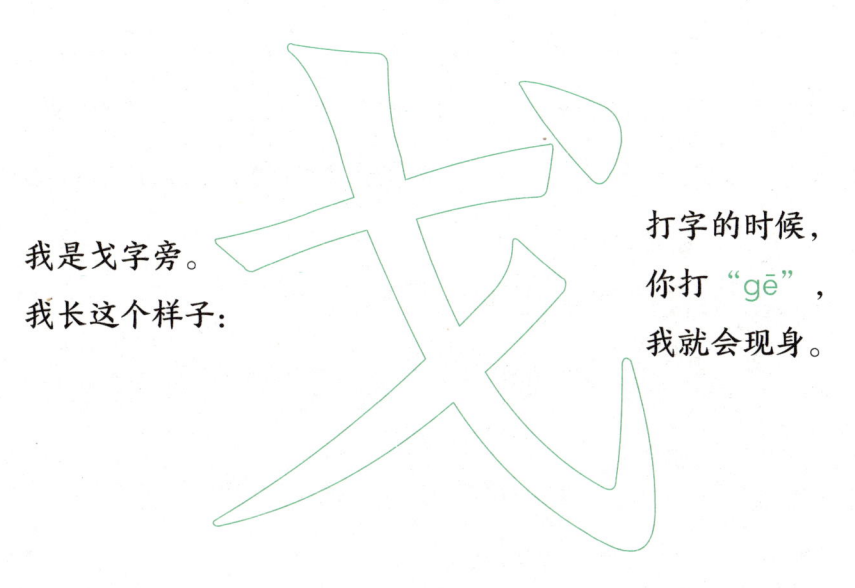

我是戈字旁。
我长这个样子：

打字的时候，
你打"gē"，
我就会现身。

我的祖先很酷。它们长这个样子：

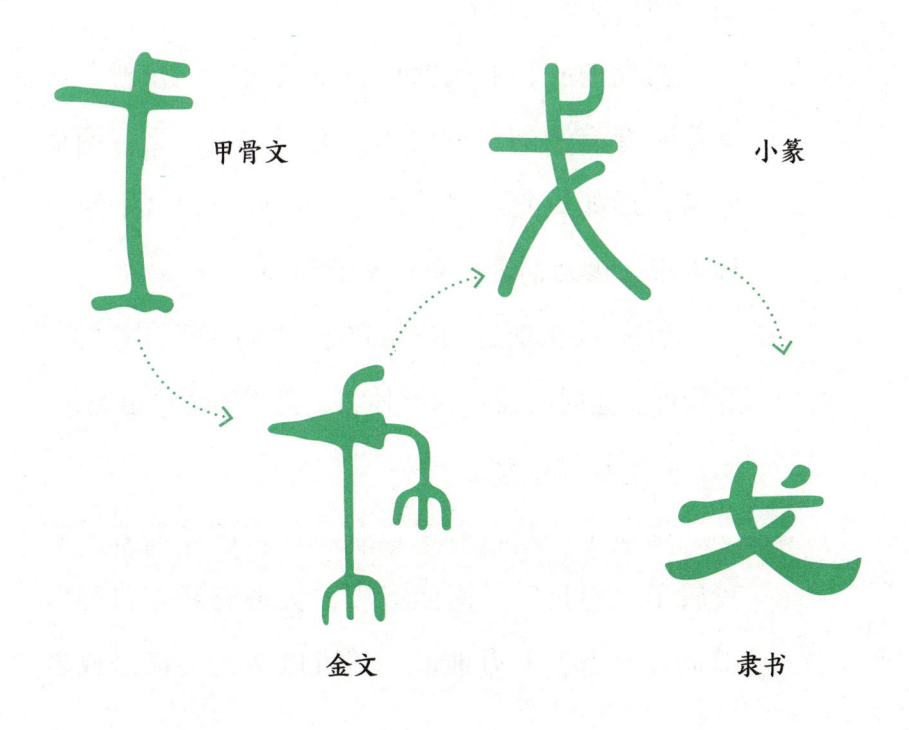

甲骨文

小篆

金文

隶书

你看我的甲骨文祖先，像不像古代的长柄横刃兵器戈？上边那两横一竖，是不是代表顶端铸（zhù）有"羊角弯"的戈头？下边那一竖一横，是不是代表戈柄和套在戈柄末端的镈（zūn）？金文祖先的戈头上，是不是增加了一个缨状饰物？戈柄末端的镈，是不是也演变成了饰物形状？

后来，是不是慢慢演变成了一横、一个斜钩和一撇一点？

我的故事

我呀，其实就是那个"戈"字，最初的意思是一种长柄横刃兵器。

初期的我，形制简单，由铸有"羊角弯"的戈头和套有镈的戈柄组成。戈刃一上一下，两面皆有，形如短剑。"羊角弯"弯似羊角，平添一种美观。镈乃铜套，防止戈柄开裂。

后来，戈头渐趋（qū）精致，分化出"胡""内""穿"等构件。这时的器身和甲骨文、金文等诸位祖先相比，有了较大差异。

我和矛都是古时候最有杀伤力的兵器之一。我属于"勾兵"，两面有刃，尖端有锋。我可以用下刃勾击、上刃推击，还可以用戈尖横击或者啄击。矛则不同，是直刺兵器，主要功能是刺击。

戟（jǐ）是综合了我们的优点改进而来。它比我多出一个矛头，增加了直刺功能，威力更大。

除了矛和戟，还有一种兵器，叫"干（gān）"。我是进攻武器，它是防御盾牌。我们合称为"干戈"，泛指兵器，借指战争。

我盛行于春秋和战国时期。那时候，我很忙，每场战争都少不了我。我一会儿"枕戈待旦"，一会儿"兵戈相见"，一会儿"化干戈为玉帛（bó）"。秦汉以后，盛行用戟。我乐得清闲，躺到兵器库里睡大觉去了。

现今"戈壁"一词里的我，并不是兵器。整个词语都是蒙古语的音译，专指覆（fù）有砾（lì）石的荒漠。

"干戈常在目，烽火不通书。"（出自明·郑作《客中闻四弟消息》）

"四海兵戈里，一家风雨中。"（出自宋·胡寅《文定题范氏壁次韵》）

很多古诗词里都有我的身影。

| 我来造字 |

我们这个家族的汉字，主要和武器有关，和战争有关。

我通常待在我朋友的右边，有时候也跑到其他位置。

因为我是以"戈"字的身份做偏旁，所以大家都叫我"戈字旁"。

小篆

戟

隶书

我遇到"朝"字，吓跑月亮，就变成了"戟（jǐ）"字。

方天画戟直指天空，浑天锤搅浑九天，倚天剑倚立天外。

小篆

我

隶书

遇到"手"字，就变成了"我"字。

人人为我，我为人人。
"我"的左边原本像耙齿，现在形似"手"字。

小篆

戥
隶书

遇到"星"字，
就变成了"戥（děng）"字。

戥子是小秤，秤杆似戈，刻度似星，专称微小物品。

小篆

戊
隶书

遇到一撇，
就变成了"戊（wù）"字。

横戌（xū）点戍（shù）戊中空，戎（róng）字横撇来相交。

矛字旁

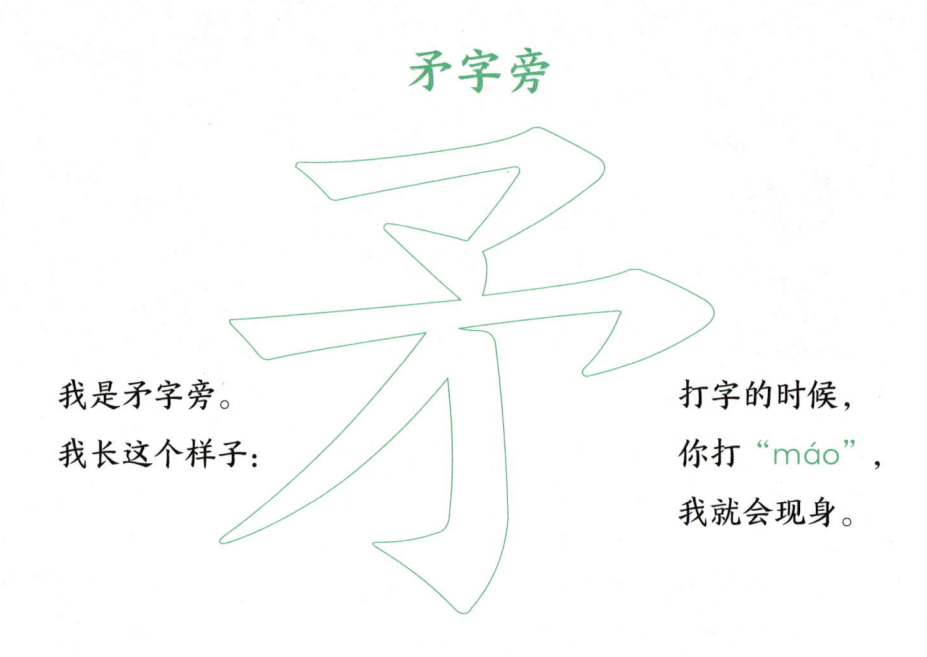

我是矛字旁。
我长这个样子:

打字的时候,
你打"máo",
我就会现身。

我的祖先很酷。它们长这个样子:

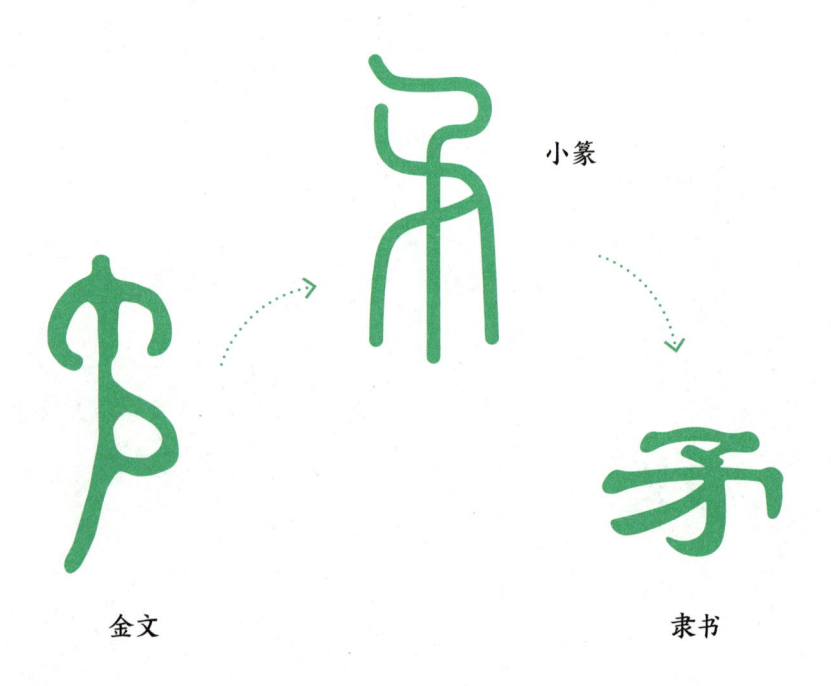

小篆

金文　　　　　　　　　隶书

你看我的金文祖先，像不像带有长长矛杆和扁平矛头的长矛？右侧那个半圆形的笔画，是不是代表矛头两侧用来系挂缨饰的矛耳？小篆祖先是不是演变成了带有纷乱缨饰的蛇矛形状？

后来，是不是慢慢演变成了一个横钩、一点、另外一个横钩和一个竖钩、一撇？

我的故事

我呀，其实就是那个"矛"字，最初的意思是直刺兵器长矛。

我属于"刺兵"，两侧有刃，顶有尖锋，擅长直刺。

我分为扁矛和蛇矛两种。扁矛的矛头呈扁平状，扁且平。蛇矛的矛头弯弯曲曲，形似游蛇。顶端的尖锋分成两杈，形似蛇芯子。最有名的当数丈八蛇矛，曾和三国名将张飞一起，吓退了曹操八十万大军。

我的身体很长。人们习惯把我和"长"字联系在一起。大刀长矛在手，是不是很威风？

我历史悠久，至少在商朝时期就已有我。周

武王伐纣（zhòu）誓师时说："称（chēng）尔戈，比尔干，立尔矛，予其誓。""举起你们的戈，排列好你们的盾牌，竖起你们的长矛，我要宣誓！"这番话是不是豪气冲天？

战场上，我是进攻武器，盾是防御武器。我们组成"矛盾"一词，用来比喻性质相反的事物、对立的双方或者前后抵触的言行。

我的工作就是攻击敌人，刺中敌人。人们常用"矛头"一词，借指攻击的方向和目标。

后来，我慢慢被枪所替代。枪是在我的基础上改进而来，比我短小，因而也更灵活。

"千山迎剑气，万里拥蛇矛。"（出自明·孙一元《赠李将军征南十八韵》）

"手中虽有丈八矛，试之井底难回旋。"（出自明·王廷陈《行路难》）

很多古诗词里都有我的身影。

我来造字

我们这个家族的汉字，主要和矛有关。

我通常待在我朋友的头上，有时候也跑到其他位置。

因为我是以"矛"字的身份做偏旁，所以大家都叫我"矛字旁"。

小篆

柔

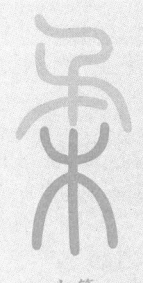

隶书

我遇到"木"字,
就变成了"柔"字。

刚柔相济。

小篆

蟊

隶书

遇到两个"虫"字,
就变成了"蟊"字。

螟(míng)螣(tè)蟊(máo)贼四虫,分别吃心、吃叶、吃根和吃节。人们常用"蟊贼"来比喻危害人民或者国家的人。

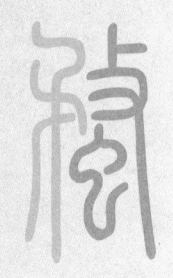

小篆

蝥
隶书

遇到"虫"字和反文旁(攵),就变成了"蝥(máo)"字。

捉到一只斑蝥,喷出一股臭气。

小篆

茅
隶书

遇到草字头(艹),就变成了"茅"字。

茅叶似矛,茅花胜雪,茅根很甜。

殳字旁

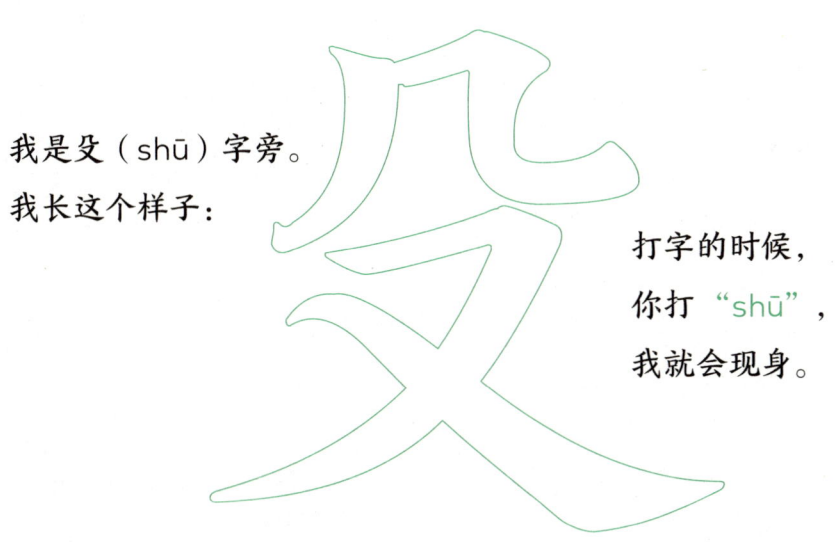

我是殳(shū)字旁。
我长这个样子：

打字的时候，
你打"shū"，
我就会现身。

我的祖先很酷。它们长这个样子：

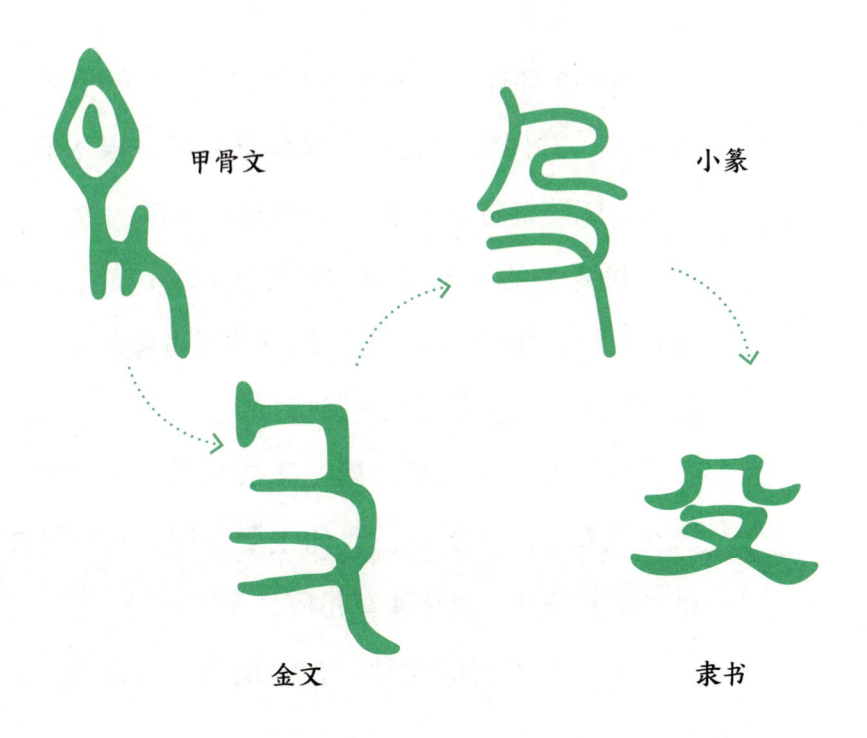

甲骨文

小篆

金文

隶书

你看我的甲骨文祖先，像不像是手执头部带棱（léng）的殳类兵器？金文祖先身上的兵器，是不是省写成了一竖和一个横折的组合体？

后来，是不是慢慢演变成了一撇、一个横折折和一个"又"字？

我的故事

我呀，其实就是那个"殳"字，最初的意思是殳类兵器。

我的头部有棱无刃，与下面圆筒形的铜套铸（zhù）为一体，共同组成殳首。铜套里套着一根木柄，木柄末端装有防止木柄开裂的铜箍（gū）。

我身上的木柄又叫"积竹木柲（bì）"，里面是木杆，外面贴有竹片，用丝线或者藤条缠紧，坚固耐用，刀砍斧削也不易损折。

我长约一丈二尺，属于车战兵器，平时都是插在战车上。车战时，我的主要作用是在车马交错时使其分开，避免两车相撞，无法前行。

我还有不同的变种：有的顶端三棱带刃，透

着杀气；有的铜套带有尖刺，形似狼牙棒。

"万人握干殳，无一关云长。"（出自宋·方回《题来将军括苍送行卷》）

"哀哀荷殳者，汝业本樵(qiáo)渔。"[出自明·田顼(xū)《闻道》]

很多古诗词里都有我的身影。

我来造字

我们这个家族的汉字，主要和持械有关，和击打有关。

我总是待在我朋友的右边。

因为我是以"殳"字的身份做偏旁，所以大家都叫我"殳字旁"。

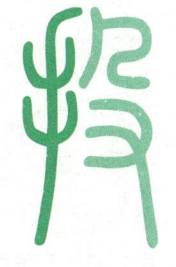

小篆

投

隶书

我遇到提手旁（扌），就变成了"投"字。

千里投名，万里投主。

小篆

役

隶书

遇到双人旁（彳），
就变成了"役（yì）"字。

君子于役，不知其期。

小篆

殴

隶书

遇到"区"字，
就变成了"殴（ōu）"字。

莫要聚众斗殴，切勿殴打他人。
"殴"是"毆"的简化字。

小篆

毂

隶书

遇到"士"字、秃宝盖（冖）
和"车"字，
就变成了"毂（gǔ）"字。

毂为圆形，居车轮正中，内有圆
孔可穿轴，外有圆边可承辐(fú)，
通常用来借指车轮或者车。
"毂"是"轂"的简化字。

小篆

縠
隶书

遇到"士"字、秃宝盖(冖)、
一横和"木"字,
就变成了"縠(gǔ)"字。

縠树即楮(chǔ)树,树皮可造
縠皮纸。

小篆

穀
隶书

遇到"士"字、秃宝盖(冖)、
一横和"禾"字,
就变成了"穀(gǔ)"字。

穀是粮食作物的总称。五穀即五
谷。不穀是帝王自称时的谦称。
"谷"字最初的意思是山谷,它
同时也是"穀"的通假字。汉字
简化的时候,"穀"字干脆简化
成了"谷"。

弓字旁

我是弓字旁。
我长这个样子：

打字的时候，
你打"gōng"，
我就会现身。

我的祖先很酷。它们长这个样子：

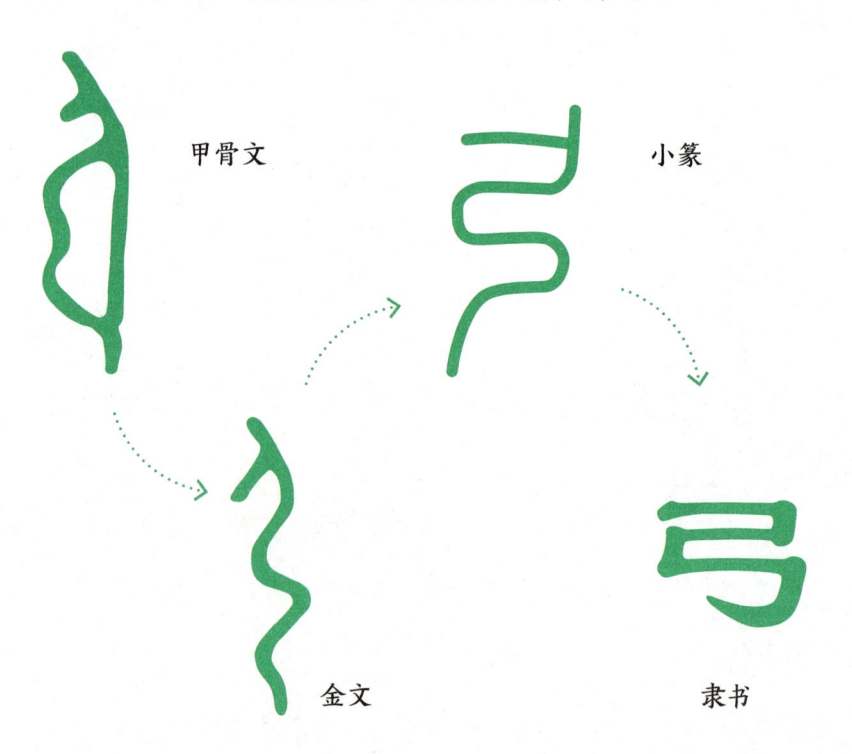

甲骨文

小篆

金文

隶书

你看我的甲骨文祖先，像不像带有弓臂和弓弦的弓？右边那一竖，是不是代表弓弦？左边那个弯弯曲曲的笔画，是不是代表弓臂？弓臂上那个权形笔画，是不是代表系弦之处？金文祖先是不是省去弓弦，只保留了弯曲的弓臂？

后来，是不是慢慢演变成了一个横折、一横和一个竖折折钩？

我的故事

我呀，其实就是那个"弓"字，最初的意思是射箭的工具。

传说我是由黄帝的臣属挥所发明，擅长以近射远。最早的时候都是竹木所制，只发射石子和弹丸。后来才换成了青铜箭和铁箭。

我看起来弯弯曲曲，因而还引申为弯曲的意思。"弓腰"和"弓背"，还有"前腿弓，后腿蹬"，就都含有这层意思。

古人常用我来比喻弯月。唐朝大诗人白居易有诗曰："可怜九月初三夜，露似真珠月似弓。"

我和弩（nǔ）合称为"弓弩"。我主要由弓臂和弓弦组成。弩的主要部件，则是竖臂、弦钩、瞄准器和扳（bān）机等机械装置。

我和箭合称为"弓箭"。弓不离箭，箭不离弓，搭配使用才有威力。

神话中的后羿（yì）曾经用我射日，射落九个太阳。

飞将军李广曾用我"草中射石"，没在石棱（léng）中。

我祝愿大家都能成为大力射手。最好也能成为神射手，像春秋时期的养由基那样"百步穿杨"，像隋（suí）朝的长孙晟（shèng）那样"一箭双雕"。还可以像甘蝇和他的徒弟飞卫那样，达到"不射之射"的境界，只要一拉弓，就会兽伏鸟落。

"飞鸟尽，良弓藏。"当这一天来临时，我会默默藏在一个不为大家所知的地方。

"挽弓当挽强，用箭当用长。"［出自唐·杜甫《前出塞九首（其六）》］

"欲将轻骑逐，大雪满弓刀。"（出自唐·卢纶《塞下曲》）

很多古诗词里都有我的身影。

我来造字

我们这个家族的汉字,主要和弓箭有关,和弯曲有关。

我通常待在我朋友的左边,有时候也跑到其他位置。

因为我是以"弓"字的身份做偏旁,所以大家都叫我"弓字旁"。

引
小篆

引
隶书

我遇到一竖,
就变成了"引"字。

引弓射箭。

弦
小篆

弦
隶书

遇到"玄"字,
就变成了"弦"字。

箭在弦上。

小篆

弛 隶书

遇到"也"字,
就变成了"弛(chí)"字。

弓臂施弦为张,解弦为弛。一张一弛,文武之道。

小篆

弧 隶书

遇到"瓜"字,
就变成了"弧(hú)"字。

生男,悬弧门左,门左挂的是木弓。生女,悬悦(shuì)门右,门右挂的是佩(pèi)巾。

小篆

弯 隶书

遇到"䜌(luán)"字,
吓飞鸟儿,
就变成了"弯"字。

小河弯弯,弯弓射大雕。"弯"是"彎"的简化字。

矢字旁

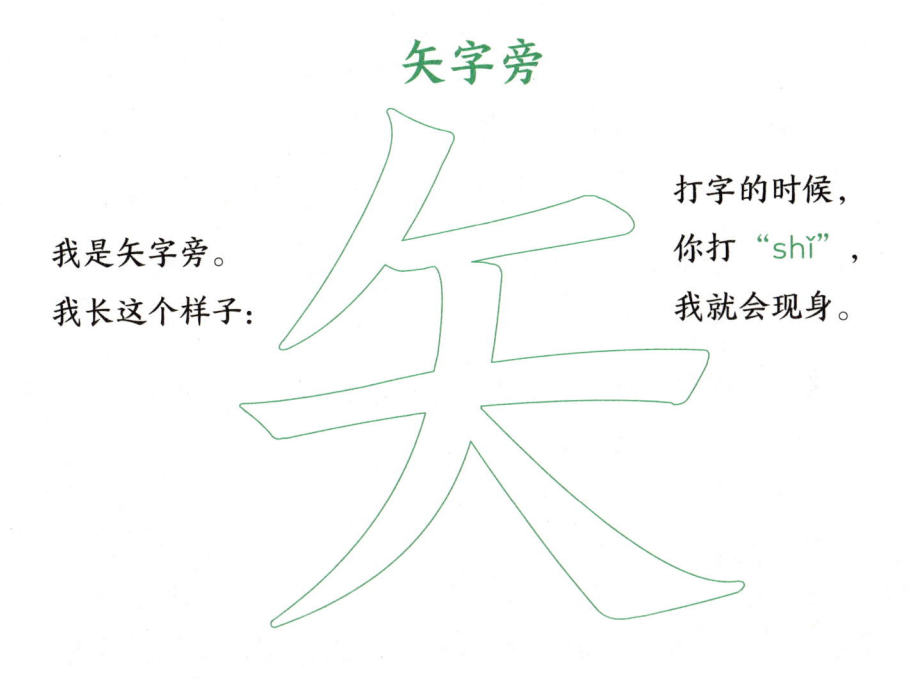

我是矢字旁。
我长这个样子：

矢

打字的时候，
你打"shǐ"，
我就会现身。

我的祖先很酷。它们长这个样子：

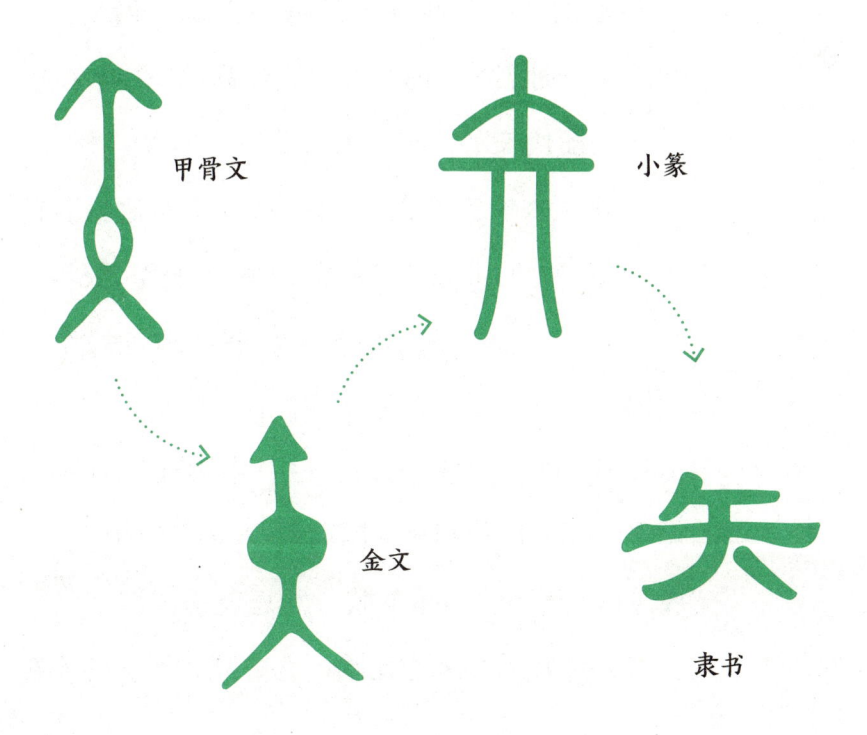

甲骨文

小篆

金文

隶书

你看我的甲骨文祖先，像不像一支箭的形状？是不是箭头、箭杆、箭栝（kuò）和箭羽俱全？金文祖先身上的箭栝，是不是上移并且演变成了一个圆点？小篆祖先身上的箭栝，是不是演变成了一横？

后来，是不是慢慢演变成了一撇两横和一撇一捺？

我的故事

我呀，其实就是那个"矢"字，最初的意思是搭在弓弩（nǔ）上，用来远射的长杆尖头兵器。

最早的时候，我身上的杆是用木头做的。人们也常用一种名为"箭"的竹子来做杆。久而久之，干脆"以箭代矢"，称我为"箭"。

现在，大家喊"箭"的次数，反而比喊我的本名还多。人们常说"弓箭"，很少说"弓矢"；常说"射箭"，不说"射矢"。我更像是一个书面用语，浑身充满了古典气息。

弓的形状是弯曲的，"弓"字因而含有弯曲的意思。我的形状笔直，因而引申为正直的意思。"屡（lǚ）进矢言"里的我，意思就是正直。

古人也常用我来做比喻。北齐魏收所著的《魏书》里记载过一位奔走如飞，名叫"杨大眼"的奇人："出长绳三丈许，系髻（jì）而走，绳直如矢，马驰不及。"九米左右的绳子，系在他的发髻上，跑起来居然飘于脑后，像我一样笔直！这样的速度，连我都惊呆了！

我喜欢"有的放矢"。对准靶（bǎ）子后，一经射出，就会勇往直前，决不回头。因为像誓言出口一样坚决，同时也和"誓"字字音相近，所以我还是"誓"字的通假字，含有发誓的意思。"矢志不渝（yú）"，即是发誓立志，决不改变。"矢口否认"，则是一口咬定，拒不承认。

我和"屎"字同音。古时候，它经常假借我的形象，由我代替它来表达它原来的意思。赵国名将廉颇（pō）有个典故，就叫"一饭三遗矢"。"屎"字假借成我后，是不是显得文雅一些？

古有"弓长六尺，箭杆长三尺"之说，同时还有"度（duó）长以弓，度短以矢"之说。古人经常把我当作简易量具，用来测量一些短小物件。

"弓矢悬马头，少年坐雕（diāo）鞍（ān）。"（出自明·徐祯卿《鹳雀行》）

"时序去如流矢，人生宛如飞蓬（péng）。"[出自宋·陈德武《西江月（时序去如流矢）》]

很多古诗词里都有我的身影。

我来造字

我们这个家族的汉字,主要和箭矢有关,和短小有关。

我通常待在我朋友的左边,有时候也跑到其他位置。

因为我是以"矢"字的身份做偏旁,所以大家都叫我"矢字旁"。

小篆

知

隶书

我遇到"口"字,
就变成了"知"字。

出于口,疾如矢。知理之速,如矢之疾。

小篆

短

隶书

遇到"豆"字,
就变成了"短"字。

取长补短。

小篆

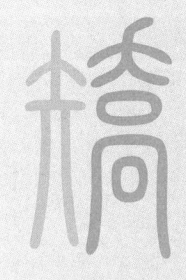

矫

隶书

遇到"乔"字,
就变成了"矫(jiǎo)"字。

矫枉过正。
"矫"是"矯"的简化字。

小篆

矮

隶书

遇到"委"字,
就变成了"矮"字。

当着矮人,别说短话。

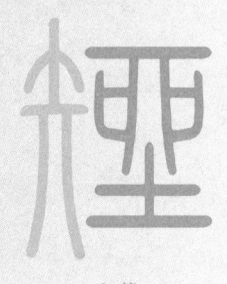

小篆

痤
隶书

遇到"坐"字,
就变成了"痤（cuó）"字。

孤馆残灯尽，痤窗落月斜。
痤子里面拔将军。

小篆

矣
隶书

遇到私字旁（厶），
就变成了"矣（yǐ）"字。

一箭射来，吾命休矣。

斤字旁

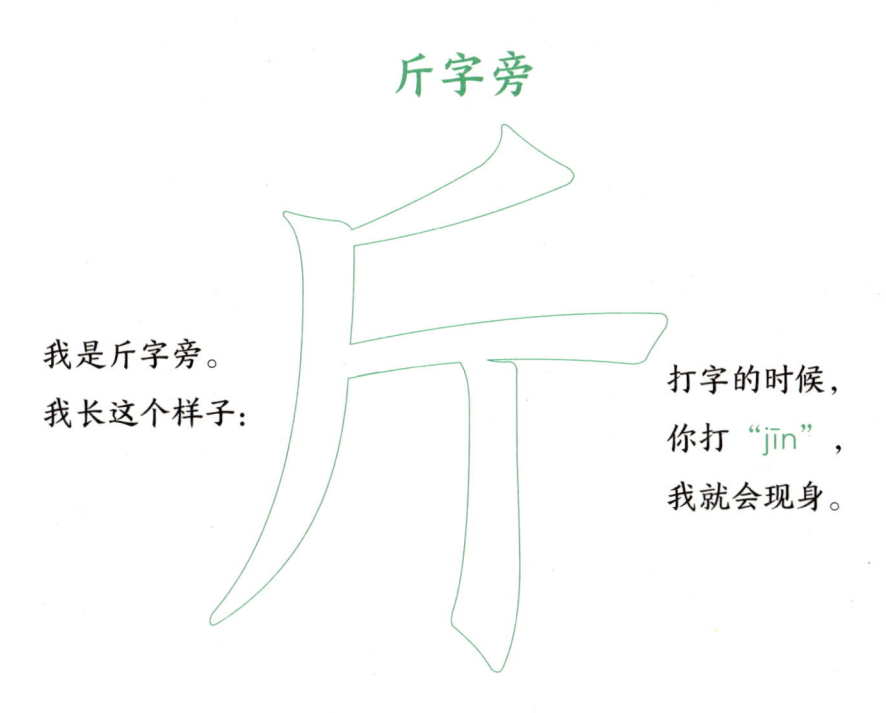

我是斤字旁。
我长这个样子：

打字的时候，
你打"jīn"，
我就会现身。

我的祖先很酷。它们长这个样子：

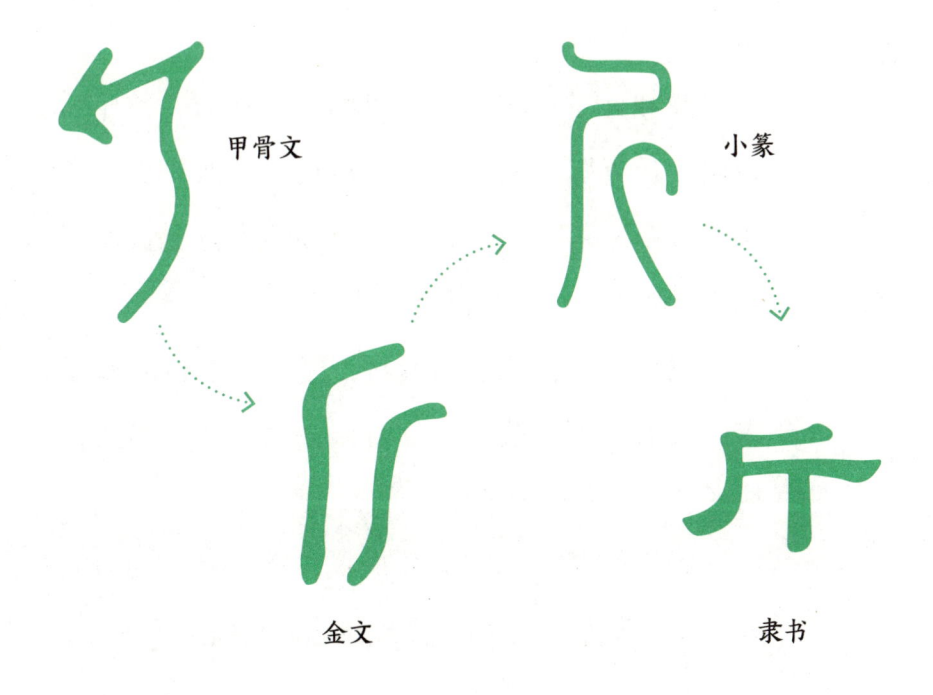

甲骨文

小篆

金文

隶书

你看我的甲骨文祖先，像不像斧子的形状？那个弯弯曲曲的笔画，是不是代表斧柄？那个形似箭头的笔画，是不是代表斧刃？金文祖先身上的斧刃和斧柄，是不是分离成两部分，左为斧刃，右为斧柄？

后来，斧刃是不是慢慢演变成了两撇？斧柄是不是演变成了一横一竖？

我的故事

我呀，其实就是那个"斤"字，最初的意思是一种形状像锛（bēn）的横刃曲柄斫（zhuó）木工具。

我和斧子属于同一类事物，合称为"斧斤"或者"斤斧"。我的刀锋为横刃，形似锄头。斧子的刀锋为纵刃，形似砍刀。因为我们还是武器，也用于战争，所以也泛指兵器。

我和斧子都能砍削木材，使之合乎标准和要求。大家请人修改诗文的时候，通常用"斧正"或者"斤正"作为敬辞。

古代的匠石能够运斤成风，砍掉郢（yǐng）人涂在鼻尖上的白垩（è）泥，技艺高超固然是关键，但也离不开郢人的沉着和配合。我作为一种砍削工具，同样也需要他人的配合。如果没有人类相助，我就会失去前进的动力，躺在地上不能动弹。如果没有树木甘做牺牲，我就没有用武之地，无法实现自己的价值。

古时候，我还经常被借用为重量单位，一斤是十六两，半斤刚好是八两。人们常用"半斤八两"来形容彼此相当，不分上下。

如今的我，一斤正好是十两，不多也不少。

我最擅长的就是"斤斤计较"，谁让咱还是计量单位来着？

"俱承日月照，幸免斤斧伤。"（出自唐·王建《山中寄及第故人》）

"悬弓三百斤，囊（náng）书数万纸。"（出自唐·杜牧《送沈处士赴苏州李中丞招以诗赠行》）

很多古诗词里都有我的身影。

我来造字

我们这个家族的汉字，主要和斤斧有关。

我通常待在我朋友的右边，有时候也跑到其他位置。

因为我是以"斤"字的身份做偏旁，所以大家都叫我"斤字旁"。

小篆

斫

隶书

我遇到"石"字,
就变成了"斫"字。

"斫"的意思是砍。隋(suí)炀(yáng)帝说:"好头颅(lú),谁当斫之?"

小篆

斩

隶书

遇到"车"字,
就变成了"斩(zhǎn)"字。

愿将腰下剑,直为斩楼兰。

小篆

斨

隶书

遇到"爿(pán)"字,
就变成了"斨(qiāng)"字。

既破我斧,又缺我斨。斧和斨都是斧类兵器。安装斧柄的孔为銎(qióng)。銎有椭(tuǒ)圆形和方形两种。椭銎曰斧,方銎曰斨。

小篆

兵

隶书

遇到一横一撇和一点,
就变成了"兵"字。

胸次甲兵百万,笔底天人三策。
双手持斤,刀兵相见。

小篆

新

隶书

遇到"亲"字,
就变成了"新"字。

紫燕添新垒,小雨洒芳菲。

小篆

芹

隶书

遇到草字头(艹),
就变成了"芹(qín)"字。

思乐泮(pàn)水,薄采其芹。

王字旁

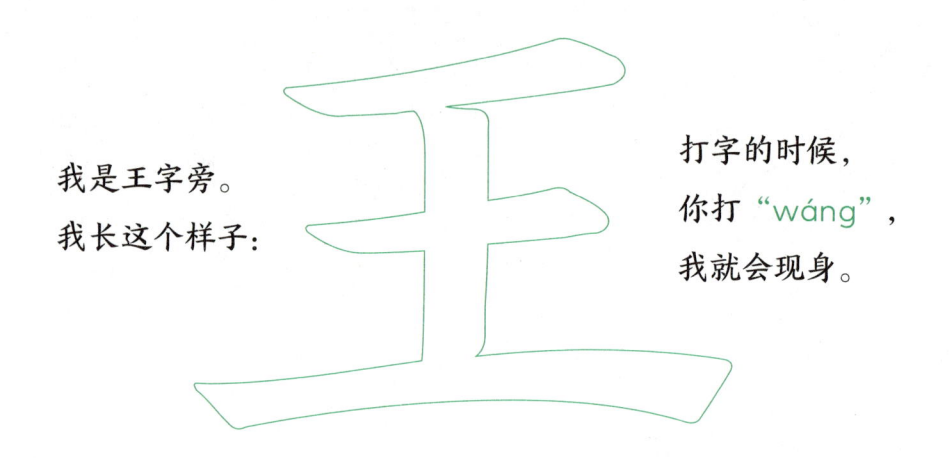

我是王字旁。
我长这个样子：

打字的时候，
你打 "wáng"，
我就会现身。

我的祖先很酷。它们长这个样子：

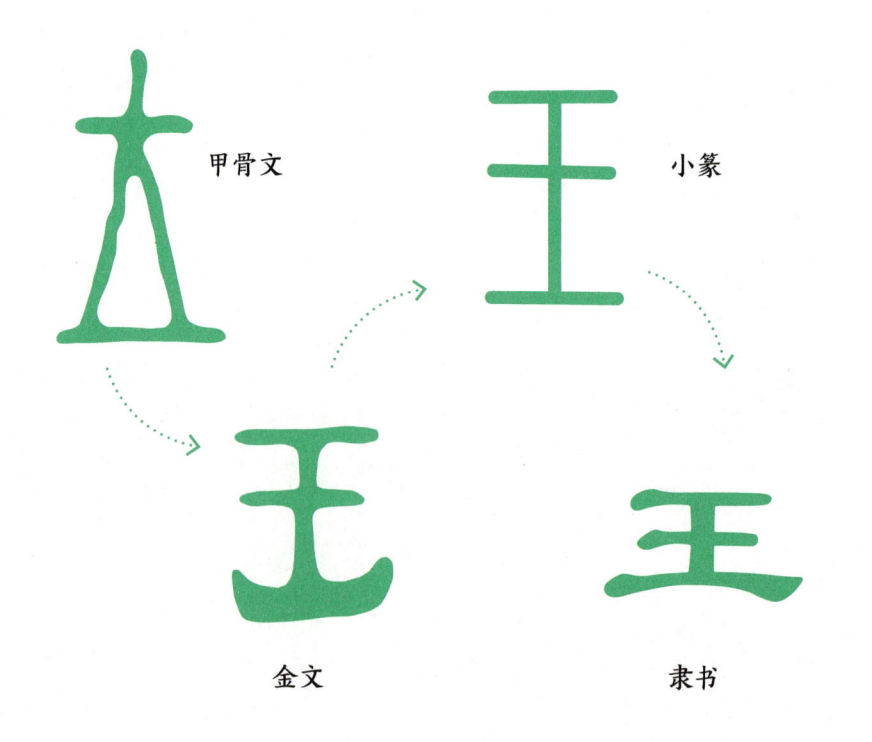

甲骨文

小篆

金文

隶书

你看我的甲骨文祖先,像不像古代的刑杀武器斧钺(yuè)?那个树杈形的笔画,是不是代表斧头?上边那一横,是不是代表穿斧孔而过的斧柄?下边那一横,是不是代表斧刃?金文祖先是不是夸张地画出了斧刃形状?斧柄和斧头是不是省写成了一个"十"字?上方是不是还增加了一横,用来表示斧背?

后来,是不是慢慢演变成了两横一竖和另外一横?

我的故事

我呀,其实就是那个"王"字,最初的意思是斧钺,是权力的象征,引申为最高统治者的意思。

董仲舒说:"古之造文者,三画而连其中,谓之王。三者,天、地、人也。而参通之者,王也。"他认为我的造字方法是一竖连三横,身上那三横分别代表天道、地道和人道。按他所言,我乃以一贯三,同时参通三道的王者。

这自然是一种附会和延伸出来的说法。他如果能看到我的甲骨文祖先,还会有如此之说吗?

我还有一个读音为"wàng"。读这个读音的时候,是动词,意思是统一天下,做大王。"大楚兴,陈胜王",就含有这层意思。

我可以是"国王",成为一个国家的首领;可以获得某个国家最高的爵(jué)位,成为"王爷";可以"占山为王",成为"山大王";还可以成为"树王""花王""蜂王""虎王""美猴王",在动物和植物天地里"称王称霸",唯我独尊。

"射人先射马,擒贼先擒王。"[出自唐·杜甫《前出塞九首(其六)》]

"我愿君王心,化作光明烛。"(出自唐·聂夷中《咏田家》)

很多古诗词里都有我的身影。

我来造字

我们这个家族的汉字,主要和王权有关。

我的朋友少得可怜,只有极少几位。

因为我是以"王"字的身份做偏旁,所以大家都叫我"王字旁"。

小篆

皇
隶书

我遇到"白"字,
就变成了"皇"字。

自从盘古开天地,三皇五帝到如今。

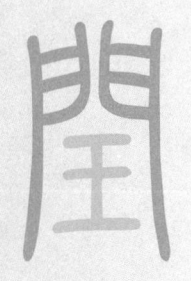

小篆

闰
隶书

遇到"门"字,
就变成了"闰（rùn）"字。

积余置闰。"闰"的意思是添加,积回归年之余时（回归年和阳历年或者农历年的天数之差）而添加,月加一日,或者年加一月,保证历法和天时相合。通常有"闰日""闰月""闰年"之说。

小篆

琴

隶书

遇到我弟弟和"今"字，就变成了"琴"字。

相对理琴（qín）瑟（sè），逸（yì）响随风流。

小篆

琵

隶书

遇到我弟弟和"比"字，就变成了"琵"。

千呼万唤始出来，犹抱琵（pí）琶（pa）半遮面。"琴""瑟""琵""琶"这四个字，它们身上的两个"王"字只是长得像"王"字而已，并不是真正的"王"字，而是琴弦及其所依附之物。

选自黄庭坚书《松风阁诗》

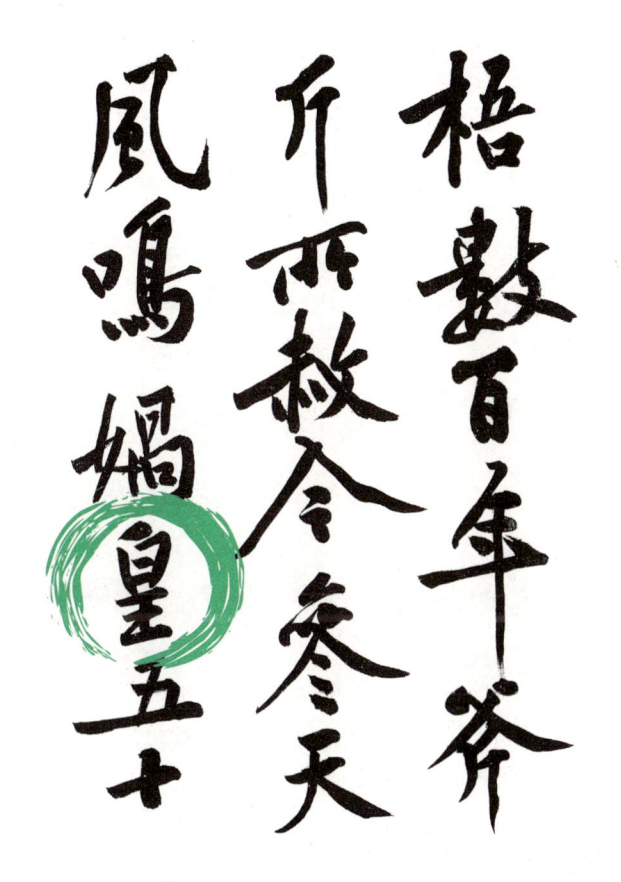

梧桐百年斧斤所赦今参天凤鸣娲皇五十

名帖赏析

　　黄庭坚，北宋著名文学家、书法家，"江西诗派"开山鼻祖。其书法独树一帜，为"宋四家"（苏轼、黄庭坚、米芾、蔡襄）之一。五十八岁那年，他游览湖北鄂城樊山，夜宿松风阁，挥笔写下《松风阁》一诗。该作现藏于台北故宫博物院，其诗清脱，妙不可言；其书长波大撇，提顿起伏，瘦劲通润，风采激荡，堪称行书中的精品。

玉字旁

我是玉字旁。
我长这个样子：

打字的时候，
你打"yù"，
我就会现身。

我的祖先很酷。它们长这个样子：

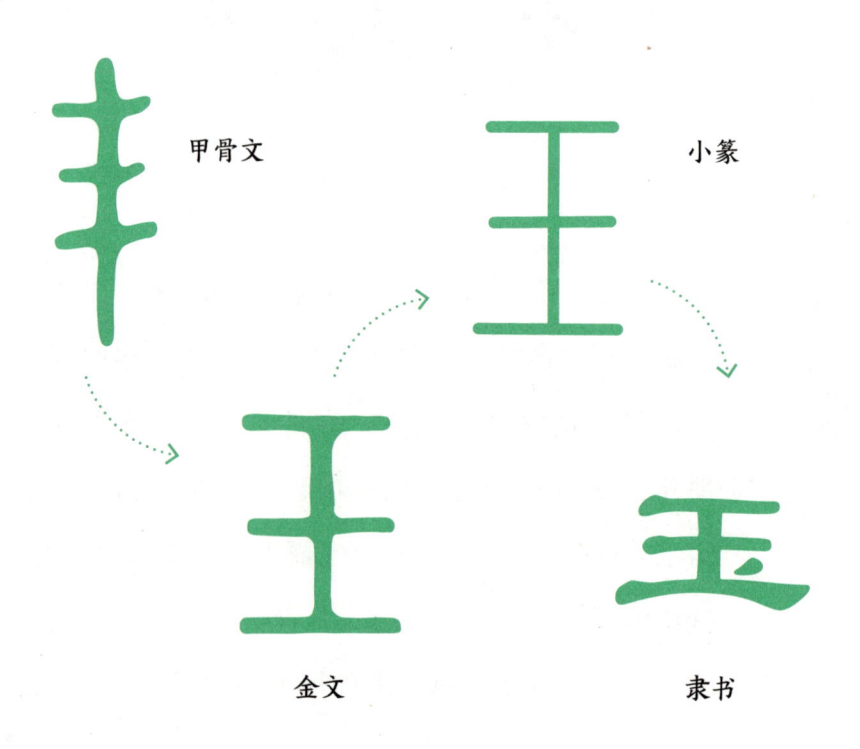

甲骨文

小篆

金文

隶书

你看我的甲骨文祖先，像不像一串玉石的形状？那一竖，是不是代表穿玉石的丝绳？那三横，是不是以三表多，代表多片玉石？金文祖先是不是省去了上下两边的绳头？

后来，是不是慢慢演变成了两横一竖和一横一点？

我的故事

我呀，其实就是那个"玉"字，最初的意思是玉石。

我和"王"字并非同源。我们的小篆祖先却长得很像，都是三横一竖。

我的小篆祖先是三横等距，中横位居正中，象征着三片玉石均匀分布。

它的小篆祖先是中横位居正中偏上，含有人上之人的意味。谁让它是王者呢？王者自然要高高在上，高人一等。

为了和"王"字相区分，古人干脆在我的隶书祖先身上增加了一点，这才有了我今天这个样子。

现在，你如果问我和"王"字有什么区别，我会毫不犹豫地说："我和'主人'的'主'一样，都比'王'字多一点!"

《诗经》里说:"言念君子,温其如玉。"

我有君子之风,君子也曾比德于我。

我有凛(lǐn)然之气,"宁为玉碎,不为瓦全"。

皇帝的大印是用我制作的,称为"玉玺(xǐ)"。

玉皇大帝的名号中也有我。

古人经常把我埋到地里,用来祭祀(sì)天地诸神和列祖列宗。《山海经》里就有很多类似的记载。"毛用一璧瘞(yì)"里面的"璧",是用我制成的。"瘗用百瑜(yú)"里面的"瑜",也是我的一种,指的是美玉。

古时候,我还是很多国家的镇国之宝。"周有砥(dǐ)厄(è),宋有结绿,梁有悬黎,楚有和璞(pú)。"它们堪(kān)称春秋战国时期的"四大美玉"。

"碧玉妆成一树高,万条垂下绿丝绦(tāo)。"(出自唐·贺知章《咏柳》)

"洛阳亲友如相问,一片冰心在玉壶。"(出自唐·王昌龄《芙蓉楼送辛渐》)

很多古诗词里都有我的身影。

| 我来造字 |

我们这个家族的汉字,主要和玉石有关。

我通常待在我朋友的脚下,有时候也跑到其他位置。

因为我是以"玉"字的身份做偏旁,所以大家都叫我"玉字旁"。

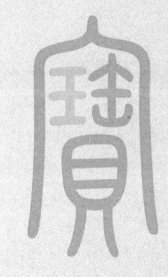

寶
小篆

宝
隶书

我遇到宝盖儿(宀),
就变成了"宝"字。

千金买战马,百宝妆刀环。
"宝"是"寶"的简化字。

璧
小篆

璧
隶书

遇到"辟"字,
就变成了"璧"字。

日月合璧,五星连珠。

小篆

玺
隶书

遇到"尔"字，
就变成了"玺"字。

传国玉玺，下落不明。
"玺"是"璽"的简化字。

小篆

鎏
隶书

遇到"流"字，
就变成了"鎏（liú）"字。

鎏是帝王冠冕（miǎn）前后悬垂的玉串，既能遮挡别人的目光，又能体现自己的威严。

小篆

珏
隶书

遇到我弟弟，藏起来一点，
就变成了"珏（jué）"字。

古时候，二玉相合为一珏。"珏"是量词。五片小玉为一串，两串小玉为一珏。十珏是二十串。"珏"原本是"玨"的异体字，现在以"珏"为正体字。

斜玉旁

我是斜玉旁。
我长这个样子：

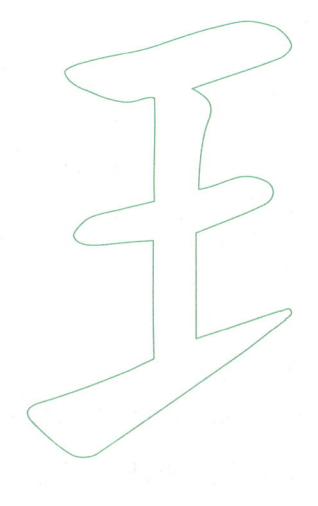

打字的时候，我不知道怎么才能打出我来，好尴尬呀！

我的祖先很酷。它们长这个样子：

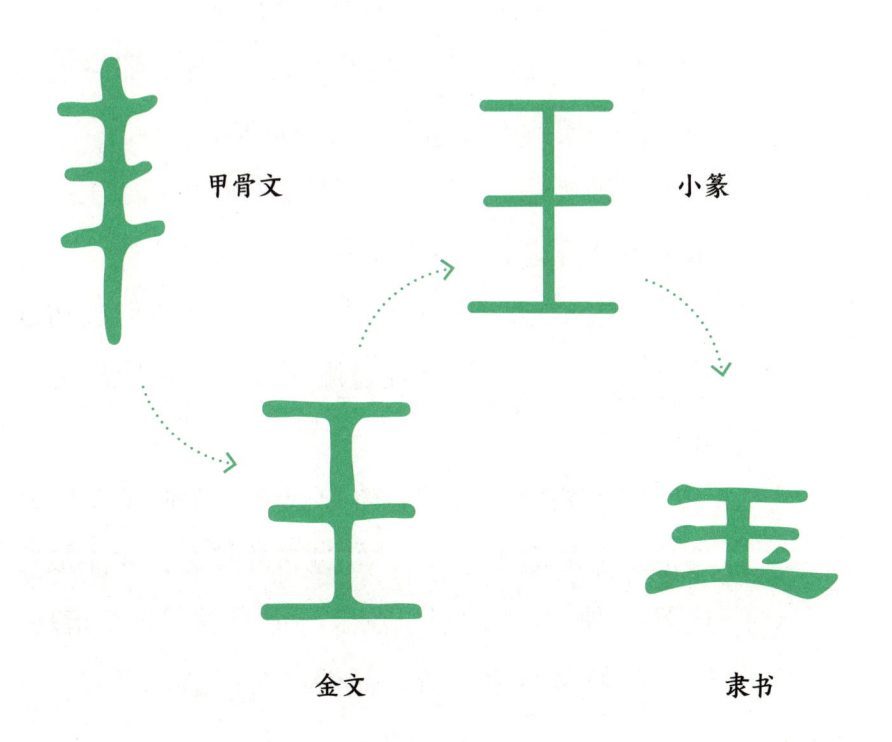

甲骨文

小篆

金文

隶书

你看我的甲骨文祖先，像不像一串玉石的形状？那一竖，是不是代表穿孔而过的丝绳？那三横，是不是以三表多，代表多片玉石？金文祖先是不是省去了上下两边的绳头？隶书祖先身上是不是增加了一点，以便和"王"字相区分？

到了我这一辈，是不是最终演变成了两横一竖和一提？

我的故事

我呀，其实就是那个"玉"字，是它分化出来的写法，最初的意思是玉石。

我长得很像"王"字。我由两横一竖和一提组成。它由两横一竖和另外一横组成。

我身上那一提，是由"玉"字身上那一点和最下面一横拈（niān）连变形而来。

我既然是"玉"字的变体，自然也属于玉族，很了解自己这个家族的特性。

"玉不琢（zhuó），不成器。"我们起初都是璞（pú）玉，只有经过雕刻加工，才能成为真正的美玉。

两玉相磨，通常也难以成器。我们需要借助其他山上的砺（lì）石，经过它的打磨，才能最终成器。"他山之石，可以攻玉"，说的就是这个道理。

我们是石之美者，品性温润高洁，素有"君

子比德于玉"和"君子如玉"之说。唯有君子的德操，才能和我们相比。大家都以佩（pèi）戴我们为荣。

我们是洁白、美丽和精美的象征。"冰清玉洁""亭亭玉立""锦衣玉食"，这些成语很好地体现了我们的形象。

我们敬重表里如一和言行一致的人，讨厌"金玉其外，败絮（xù）其中"。

我们并不神秘。你如果擅长"抛砖引玉"，很快就能让我们现身。

"沧海月明珠有泪，蓝田日暖玉生烟。"（出自唐·李商隐《锦瑟》）

"试玉要烧三日满，辨材须待七年期。"[出自唐·白居易《放言五首（其三）》]

这些古诗词里的"玉"字，让我感到非常亲切，同时跟着沾染了一番诗意。

我来造字

我们这个家族的汉字，主要和玉石有关。

我总是待在我朋友的左边。

因为我等同于"玉"字，实际上是以"玉"字的身份做偏旁，再加上最后一笔斜提而上，所以大家都叫我"**斜玉旁**"。

由于我长得很像"王"字，人们也习惯叫我"王字旁"。其实，这是天大的误会。我确确实实是"玉"，不是"王"。

珠 小篆

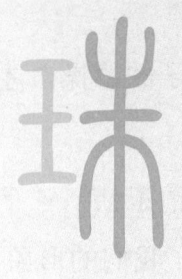

珠 隶书

我遇到"朱"字,
就变成了"珠"字。

珠联璧合。

環 小篆

环 隶书

遇到"不"字,
就变成了"环"字。

环佩（pèi）叮当。
"环"是"環"的简化字。

玦 小篆

玦 隶书

遇到"夬（guài）"字,
就变成了"玦（jué）"字。

绝人以玦,反绝以环。玦是有缺口的环形佩玉,可以用它赠人,表示断绝关系。

小篆

瑗

隶书

遇到"爰"（yuán）字，
就变成了"瑗（yuàn）"字。

璧瑗成器，磋（jiān）诸之功。璧和瑗都是玉器，中间有孔。边大孔小为璧，边小孔大为瑗。磋诸是琢磨玉器的石头。璧和瑗需要经过磋诸的雕琢方能成器。

小篆

琳

隶书

遇到"林"字，
就变成了"琳"字。

琳（lín）和琅（láng）都是精美的玉石。琳为碧玉。琅即琅玕（gān），是形似珠子的玉石。琳琅满目，是说满眼都是琳和琅，形容好东西很多。

选自唐李邕《麓山寺碑》

殿绍泰二年
刺史王公讳
琳律师法贤

名帖赏析

李邕（yōng），唐朝著名书法家，工碑文，善行书，共撰碑八百，传世碑刻有《端州石室记》《麓山寺碑》《李思训碑》等。因其做过北海太守，人称"李北海"。其行书笔力雄健，气势纵横，如五岳般固不可撼，有"右军如龙，北海如象"之说。

金字旁

我是金字旁。
我长这个样子：

打字的时候，
你打"jīn"，
我就会现身。

我的祖先很酷。它们长这个样子：

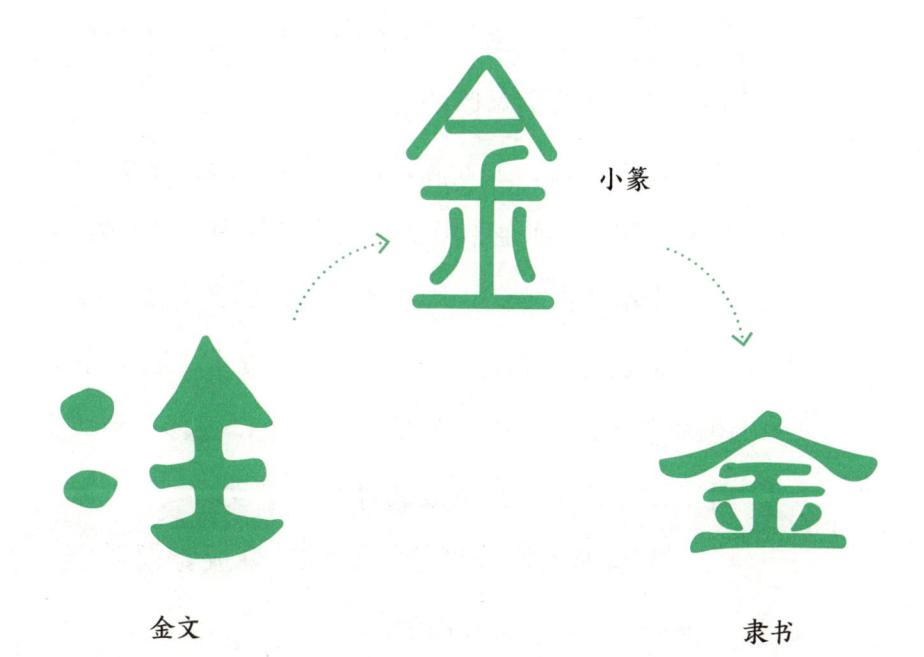

小篆

金文　　　　　　　　　　隶书

你看我的金文祖先，左边像不像两块金属？右边像不像箭头和斧钺（yuè）的组合体？

后来，是不是慢慢演变成了一撇一捺、两横一竖、一点一撇和一横？

到了我这一辈，是不是最终演变成了一撇三横和一个竖提？

我的故事

我呀，其实就是那个"金"字，是它分化出来的写法，最初的意思是用来制作箭矢和斧钺的青铜，泛指各类金属。

我既然是"金"字的变体，自然也属于金族，很了解自己这个家族的特性。

古人认为，金分五色。"五色之金"分别是：白金、青金、赤金、黑金和黄金。其中，白金为银，青金为铅、锡（xī），赤金为铜，黑金为铁。

黄金是"五金"之长，最为贵重。我们平时说的"金子"，指的就是它。"金口玉言"和"金科玉律"，是言其贵重或者不可更改。

赤铜加入锡或者铅，可以冶炼成青铜合金，用来铸（zhù）造青铜器。

卖金属器具和配件的店铺，之所以叫"五金店"，估计和古人的"五金"之分有关。

古时候的货币，包括刀币、方孔圆钱、铜板和黄金在内，都是以金属为原料制成的。人们习惯用"金"来借指钱币，钱币同时也称为"金钱"。

黄金的颜色总是黄澄澄（dēng）的。人们喜欢用"金"来借指黄色，称为"金色"或者"金黄色"。"金发女郎"和"稻熟一片金"，就都含有这层意思。

金也是金、木、水、火、土"五行"之一。我的小篆祖先，就是由上边的声旁"今"字，加上下边的"土"字和附在"土"字身上的两块金属构成。此种组合，正好与"土生金"之说相契（qì）合。

金还是金、石、土、革、丝、木、匏（páo）、竹"八音"之一，专指用金属制成的打击乐器。"金声玉振"和"鸣金收兵"里的"金"，都属于此类乐器。

"火齐满枝烧夜月，金津含蕊（ruǐ）滴朝阳。"（出自唐·皮日休《病中庭际海石榴花盛发，感而有寄》）

"小山重叠金明灭，鬓（bìn）云欲度香腮雪。"[出自唐·温庭筠《菩萨蛮（小山重叠金明灭）》]

这些古诗词里的"金"字，让我感到非常亲切，同时跟着沾染了一番诗意。

我来造字

我们这个家族的汉字，主要和金属有关。
我总是待在我朋友的左边。
因为我是以"金"字的身份做偏旁，所以大家都叫我"金字旁"。

小篆

钓

隶书

我遇到"勺"字，
就变成了"钓"字。

小猫想用钓鱼软件钓鱼。

小篆

钗

隶书

遇到"叉"字，
就变成了"钗"字。

荆（jīng）钗（chāi）布裙，
荆枝做钗，粗布为裙。

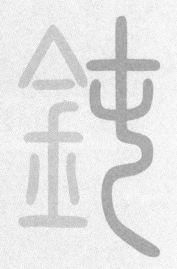

小篆

钝
隶书

遇到"屯（tún）"字，
就变成了"钝（dùn）"字。

钝角的反应有点儿迟钝。

小篆

钙
隶书

遇到"丐（gài）"字，
就变成了"钙（gài）"字。

晒晒太阳补补钙。

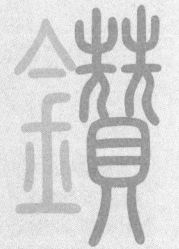

小篆

钻
隶书

遇到"占"字，
就变成了"钻"字。

钻（zuān）探石油，捡到一颗
钻（zuàn）石。
"钻"是"鑽"的简化字。

贝字旁

我是贝字旁。
我长这个样子：

打字的时候，你打"bèi"，我就会现身。

我的祖先很酷。它们长这个样子：

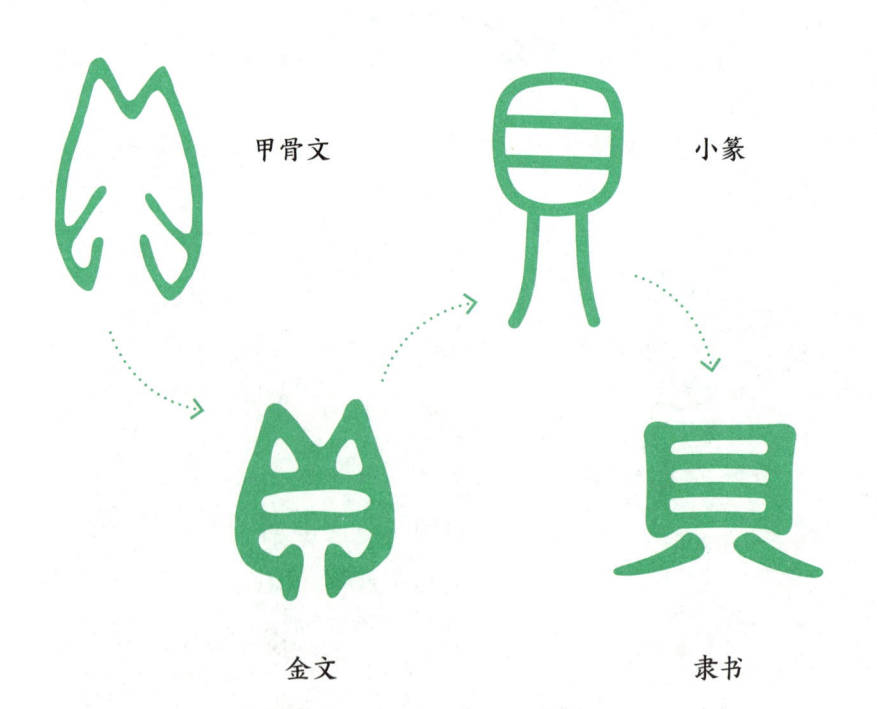

甲骨文

小篆

金文

隶书

你看我的甲骨文祖先，像不像齿贝的形状？最上面那个"对号形"的笔画，是不是代表腹缝上端的开口？最下面那个"八"字形的笔画，是不是代表腹缝下端的开口？中间那个"八"字形的笔画，是不是代表腹缝两侧的细齿？小篆祖先和隶书祖先的壳体，是不是演变成了一个"目"字？它们身上那个"八"字形的笔画，是不是代表从中间向两边分开的腹缝？

到了我这一辈，是不是最终演变成了一竖、一个横折和一撇一点？

我的故事

我呀，其实就是那个"贝"字，是"貝（bèi）"的简化写法，最初的意思是齿贝。

我和乌龟、螃蟹同类，身上都有甲壳，属于甲虫。甲虫又叫"介虫"，是羽、毛、甲、鳞（lín）、裸（luǒ）"五虫"之一。

古人说我的形象是"背穹（qióng）隆（lóng）而腹下歧（qí）"。我的典型特征就是全身卵圆形，背部隆（lóng）起，腹部扁平。壳口狭长，沿腹部中间裂成缝状，贯通两端。腹缝两侧稍微内卷，密布细齿。

古有"以齿贝为货"之说。从夏朝开始，人

们就把我背部磨平，在腹缝上下两端钻孔，以丝线穿系，用于商品交换，称我为"货贝"。通常是以"朋"为单位，五贝为一串，两串为一朋。

秦始皇统一六国后，也统一了货币。作为原始货币的我，开始被圆形方孔的"半两钱"所取代。

我生活在大海里，是海贝。因为在当时来之不易，所以稀有而贵重。人们喜欢称我为"宝贝"，并且用这个词语来借指珍奇之物。

我还是人人都喜爱的饰品。你如果把我摆放在家里，日日夜夜都能听得到海风的声音，时时刻刻都能闻得到海水的气息。

"宝剑垂玉贝，汗马饰金鞍。"（出自南北朝·沈约《日出东南隅行》）

"贝锦无停织，朱丝有断弦。"（出自唐·杜甫《寄岳州贾司马六丈、巴州严八使君两阁老五十韵》）

很多古诗词里都有我的身影。

我来造字

我们这个家族的汉字，主要和金钱有关，和财富有关。

我通常待在我朋友的左边或者下边，有时候也跑到其他位置。

因为我是以"贝"字的身份做偏旁，所以大家都叫我"贝字旁"。

贪
小篆

贪
隶书

我遇到"今"字，
就变成了"贪"字。

贪吃蛇贪得无厌。

赏
小篆

赏
隶书

遇到"尚"字，
就变成了"赏"字。

抓到坏人，重重有赏。

小篆

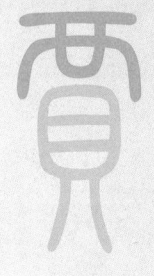

贾

隶书

遇到"覀（yà）"字，
就变成了"贾"字。

不知贾（jiǎ）先生是行商，还是坐贾（gǔ）？

小篆

赊

隶书

遇到"佘（shé）"字，
就变成了"赊（shē）"字。

本小利薄，概不赊账。

小篆

坝

隶书

遇到"土"字，
就变成了"坝（bà）"字。

三峡大坝和葛洲坝位于湖北省宜昌市。
"坝"是"垻"和"壩"的简化字。"垻"和"壩"意思相同，指的是河坝或者坝子（西南地区的山间平地或者平原）。

瓦字旁

我是瓦字旁。
我长这个样子：

打字的时候，
你打"wǎ"，
我就会现身。

我的祖先很酷。它们长这个样子：

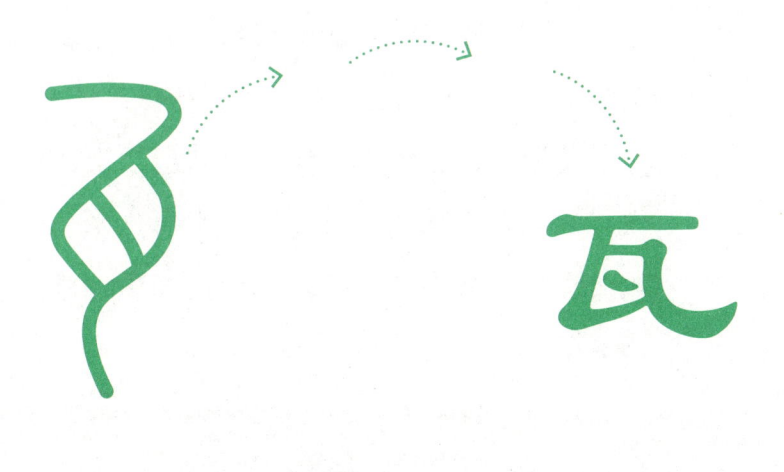

小篆　　　　　　　　　　隶书

你看我的小篆祖先，像不像扣合在一起的两片屋瓦？中间那道斜线，是不是对两瓦相扣功能的突出和强调？

后来，是不是慢慢演变成了一横、一个竖提、一个横折弯钩和一点？

我的故事

我呀，其实就是那个"瓦"字，最初的意思是屋瓦。

我是用泥土烧制而成，出身低微，自然不如号称"石之美者"的玉石高贵。"宁为玉碎，不为瓦全"，虽然是赞扬讲气节、不偷生的话语，但也从侧面体现出了人们对我的轻视。

我很容易碎裂。"瓦解"一词，指的就是像我一样裂成碎片。人们通常用它来比喻分裂和解体。作为一片瓦，我能够保持"瓦全"就已经很不错了，大家对我的期望不要太高哟（yo）。

我没日没夜地覆（fù）盖在屋顶上，历经风吹日晒和霜雪欺凌。我希望经常有人来关心一下我的冷暖，而不是"各人自扫门前雪，休管他人瓦上霜"。

瓦盆和瓦罐跟我一样，都是用泥土烧制而成。它们的名字当中都含有我，都是瓦器。

纺锤也是瓦器的一种。有时候，它干脆就叫

"瓦"，和我共用一个名字。古人经常拿它给女孩当玩具玩，希望女孩长大了能纺善织。生女之喜因此也叫"弄瓦之喜"。与之相对的，则是"弄璋（zhāng）之喜"。生个男孩，就拿璋给他玩，期盼他拥有玉一样的品德。

有一种多肉植物，叫"瓦松"。它主要生于屋顶瓦上，肉叶尖而细长，整株望之如松。山间石罅（xià）也有它的身影。它是两年生植物，第一年长叶，第二年顶端挺出一茎塔状花穗（suì）。

我本身就处于屋顶，位置高高在上。瓦松长在我身上，比我还高，因而还是身居高位的象征。

我还有一个读音为"wà"。读这个读音的时候，由原来的名词用作动词，意思是盖，专指以瓦（wǎ）相覆。

"瓦（wà）瓦（wǎ）"里面的两个字，第一个是动词，第二个是名词，整体意思是盖瓦，也就是把瓦（wǎ）盖在屋顶上。

"瓦（wà）屋"和"瓦瓦"的意思相同，也是把瓦（wǎ）盖在屋顶上。

"瓦（wǎ）屋"指的则是以瓦（wǎ）覆顶的房屋，通常和"草屋"相对。

"不归大海不藏山，碧瓦朱栏绿树闲。"[出自宋·郑獬（xiè）《浚沟庙蜥蜴》]

"露湿秋香满池岸，由来不羡（xiàn）瓦松高。"（出自唐·郑谷《菊》）

很多古诗词里都有我的身影。

我来造字

我们这个家族的汉字,主要和瓦器有关。

我通常待在我朋友的右边,有时候也跑到其他位置。

因为我是以"瓦"字的身份做偏旁,所以大家都叫我"瓦字旁"。

小篆

瓶

隶书

我遇到"并"字,
就变成了"瓶"字。

你是瓶子,我是瓶塞。让我们一起守口如瓶。

小篆

瓯

隶书

遇到"区"字,
就变成了"瓯(ōu)"字。

瓯是一种小盆或者杯子。金瓯是金制的小盆。人们常用"金瓯无缺"来比喻国土完整。

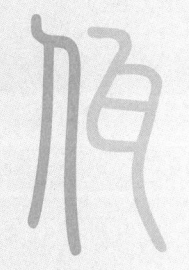

小篆

佤
隶书

遇到单人旁（亻），
就变成了"佤（wǎ）"字。

佤族是少数民族，住在云南阿佤山区。

小篆

瓮
隶书

遇到"公"字，
就变成了"瓮（wèng）"字。

瓮里醯（xī）鸡指的是酒瓮里的蠛（miè）蠓（měng）幼虫。它们向来见识短浅。

小篆

罋
隶书

遇到"彭"字，
就变成了"甏（bèng）"字。

甏像咸菜坛子，口小腹大。甏肉是放在甏中煮熟的五花肉。

皿字底

我是皿字底。
我长这个样子：

打字的时候，
你打"mǐn"，
我就会现身。

我的祖先很酷。它们长这个样子：

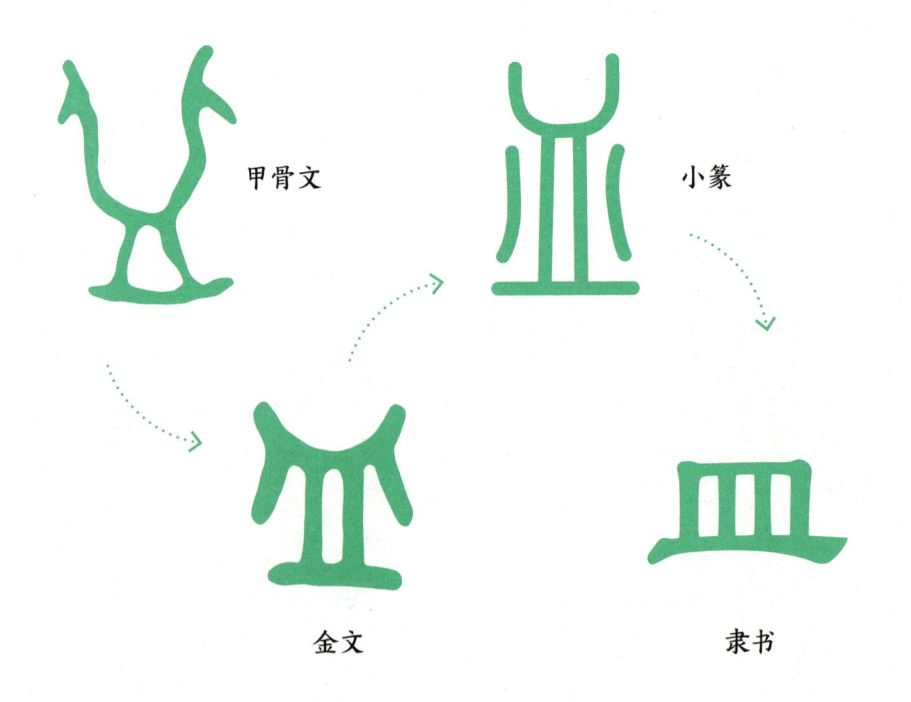

甲骨文

小篆

金文

隶书

你看我的甲骨文祖先，像不像古代用来盛放食物的高脚器具？上边那些笔画，是不是代表器具肚子和两个耳朵？下边那些笔画，是不是代表器具底座？金文祖先的两个耳朵，是不是移到了器具肚子下方？小篆祖先的两个耳朵，是不是直接和器身脱离开来？

后来，是不是慢慢演变成了一竖、一个横折和两竖一横？

我的故事

我呀，其实就是那个"皿"字，最初的意思是一种高脚饮食器具。

我与人们的日常饮食密切相关。人们喜欢用我来泛指各类饮食器具。他们将碗碟（dié）杯盘之类的器物，统称为"器皿"。

我很喜欢诗情画意的生活，只是诗情画意离我有点儿远。

也许是诗人们认为"一谈吃就俗了"，我很少出现在他们的诗句当中。

也可能是他们觉得"诗意在远方"，从而忽视了身边的我，都到远处寻找风景去了。

但这并没有影响我的心情。我依然快乐地做着自己的工作，心甘情愿地陪朋友们吃饱喝足。

我觉得饭桌上也有诗意。

我默默等待知己的降临。

"我本瑚琏器,安肯作溺(niào)皿。"(出自宋·韩希孟《练裙带诗》)

"皿虫化为疬(lì),夷(yí)俗多所神。"[出自唐·柳宗元《种白蘘(ráng)荷》]

我期待我的身影更多地出现在古诗词里面。

我来造字

我们这个家族的汉字,主要和饮食器具有关,和盛物器具有关。

我总是待在我朋友的脚下。

人们习惯称我为"皿字底"。其实,按照"草字头是艹,包字头是勹"的命名规则来说,"盘"字是我们这个家族的常见字,我是"盘"字之底,应该叫"盘字底"为宜。

小篆

盂

隶书

我遇到"于"字,
就变成了"盂(yú)"字。

盂是盛饭和盛水的器皿。水因器成形,盂方则水方,盂圆则水圆。

小篆

盒
隶书

遇到"合"字,
就变成了"盒"字。

每个盒子都有盖。

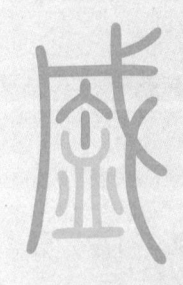

小篆

盛
隶书

遇到"成"字,
就变成了"盛"字。

竹叶茂盛(shèng),竹筒盛(chéng)水。

小篆

盥
隶书

遇到两个"手"字和一个"水"字,
就变成了"盥(guàn)"字。

"盥"的意思是洗手。奉匜(yí)沃盥,捧着盛水的匜,浇水洗手。

小篆

盔

隶书

遇到"灰"字,
就变成了"盔"字。

丢盔弃甲,丢的是头盔,不是锅盔。

小篆

盎

隶书

遇到"央"字,
就变成了"盎(àng)"字。

盎是瓦罐,口小腹大。勿嫌盆盎小,能贮(zhù)雪霜根。人们常用"盎然"来形容气氛或者趣味洋溢(yì)的样子。鼓着大肚子的盎,给人的印象自然是充盈厚实,满而自溢。

小篆

监

隶书

遇到两竖一撇和一横一点,
就变成了"监"字。

"监(jiàn)"是"監"的简化字,以皿中之水为镜,低头照视自己,由居上视下引申为监(jiān)视、监察和监督等意思。"监"字也通"鉴(jiàn)",意思是镜子。飞鸟监中看,行云舟中白。

选自文征明书《离骚经》

九死猶其未悔怨靈修之浩蕩兮終不察夫人心眾女嫉余之蛾眉兮謠諑謂余以善淫固時俗之工巧兮偭規矩而改錯背繩墨以追曲兮競周容以為度忳鬱邑余侘傺兮吾獨窮困乎此時也寧溘死以流亡兮余不忍為此態也鷙鳥之不羣兮自前代而固然何方圓之能周兮夫孰異道而相安屈心而抑志兮忍尤而攘詬伏清白以死直兮固前聖之所厚悔相道之不察兮延佇乎吾

名帖赏析

文征明,明朝人,诗、文、书、画人称"四绝"。《离骚》是战国时期楚国诗人屈原创作的抒情长诗,开创出独特的"骚体"诗歌形式,人们也尊称其为《离骚经》。文征明书《离骚经》,是其86岁时的小楷作品,疏密匀称,清雅美好,于端庄秀逸中透出坚挺刚健之气。

缶字旁

我是缶字旁。
我长这个样子：

打字的时候，
你打"fǒu"，
我就会现身。

缶

我的祖先很酷。它们长这个样子：

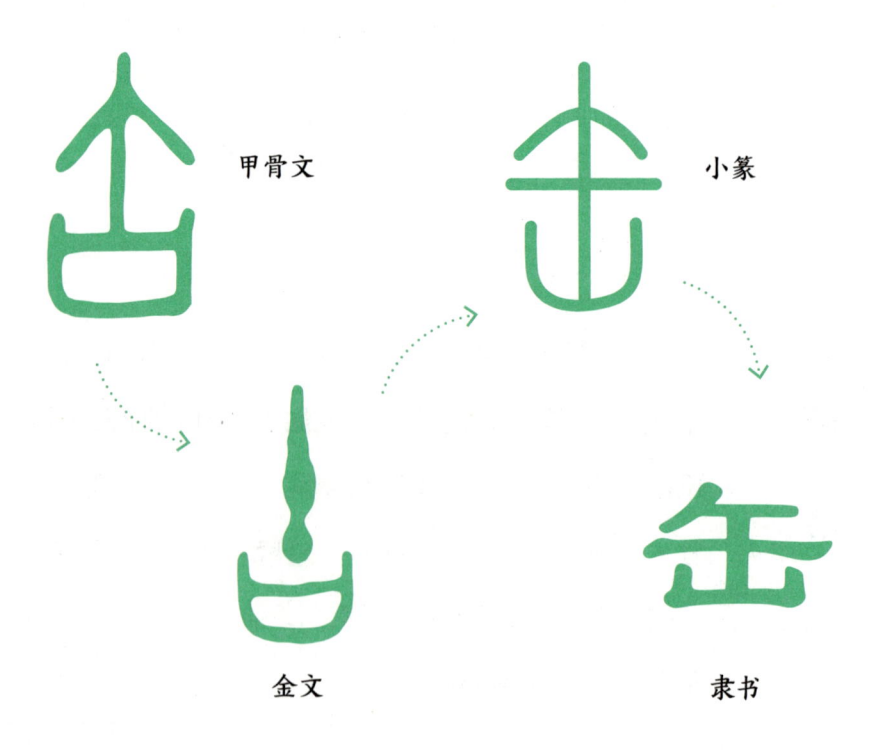

甲骨文

小篆

金文

隶书

你看我的甲骨文祖先，像不像是使用带有把手的杵(chǔ)棒，在泥池里捣泥的形状？上面那个形似箭头的笔画，是不是代表杵棒？下面那个形似"口"字的笔画，是不是代表泥池？金文祖先身上的杵头形状是不是更加明显？杵棒把手是不是也演变成了一点？

后来，是不是慢慢演变成了一个"午"字和一个"凵（kǎn）"字？

我的故事

我呀，其实就是那个"缶"字，最初的意思是用杵棒捣泥，制作瓦器，以制作瓦器的工具和场所来借指瓦器。

我由"午"字和"凵"字组成，是个会意字。"午"字的意思是杵棒。"凵"字的意思坑穴。两字相会，即是杵棒加坑穴。杵棒加坑穴是什么情况？用杵棒在坑穴里干活呀！什么样的坑穴？泥池呀！干什么活呀？捣泥呀！捣泥干什么呀？制作瓦器呀！

也有人说，我的甲骨文祖先下面像器具肚子，上面像器具盖子，应该是一种带盖的瓦器。从金文祖先开始，慢慢将器具肚子讹（é）变成了泥池，器具盖子讹变成了杵棒。

《说文解字》里也说我是瓦器："所以盛酒浆。""秦人鼓之以节歌。"

我不知道以前如何，反正从商朝开始，我的主要身份就是一种大肚小口的瓦器。

我和陶器、瓷器，都是用泥土烧制而成。我的烧制温度比陶器和瓷器要低，成品看起来比较大众化，表面粗糙（cāo），朴实无华。

我不但可以装酒盛物、缚（fù）绳汲水，还可以当伴奏乐器使用。古人经常"击缶而歌"。秦赵两国渑（miǎn）池会盟时，赵王就曾为秦王鼓瑟（sè），秦王也曾为赵王击缶。因秦王为赵王击缶乃赵国大夫蔺（lìn）相如迫使所致，人们常用"相如缶"来比喻屈辱豪强或者豪强被屈辱。另外，这个词语也可反指，用来比喻慷慨激昂的行为。

文人雅士私下相聚，鼓盆击缶，乐器虽然粗陋，却也乐在其中，意抵深处，愈显旷达。击缶而歌，你也来试一试？

"君王击缶罢，将军负荆（jīng）来。"（出自宋·晁冲之《戏李相如携妇还金乡》）

"高唱荆卿（qīng）歌，乱击相如缶。"（出自唐·元稹《说剑》）

很多古诗词里都有我的身影。

| 我来造字 |

我们这个家族的汉字，主要和瓦器有关。

我通常待在我朋友的左边，有时候也跑到其他位置。

因为我是以"缶"字的身份做偏旁，所以大家都叫我"缶字旁"。

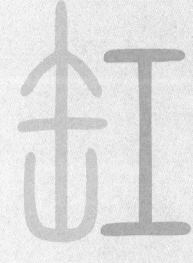

缸
小篆

缸
隶书

我遇到"工"字，
就变成了"缸"字。

闲里好，有故书盈（yíng）箧（qiè），新酒盈缸。

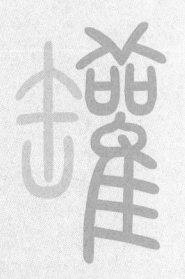

罐
小篆

罐
隶书

遇到"灌"字，
吸干它身上的水，
就变成了"罐"字。

瓦罐不离井上破，将军难免阵前亡。

小篆

罅
隶书

遇到"虍（hū）"字，
就变成了"罅（xià）"字。

松立石罅，日漏云罅。罅是缝隙。

小篆

罂
隶书

遇到两个"贝"字，
就变成了"罂（yīng）"字。

罂为大缶。罂粟（sù）乃六朝或者唐朝时期传入中国，因果壳椭（tuǒ）圆似罂，种子细如粟米而得名。

小篆

罄
隶书

遇到"馨（xīn）"字，
香味散尽，
就变成了"罄（qìng）"字。

"罄"的意思是瓦器中空，引申为完尽和用尽。书已售罄，是说书已卖完。罄竹难书，是说用尽竹简也难以写完，形容罪行极多。

斗字旁

我是斗字旁。
我长这个样子：

打字的时候，
你打"dǒu"，
我就会现身。

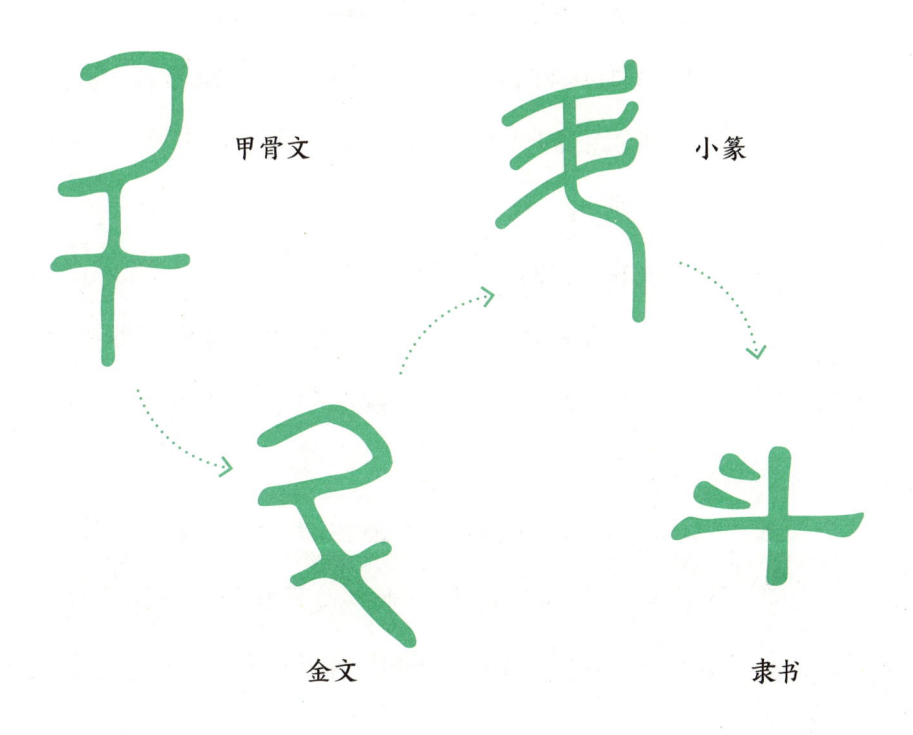

我的祖先很酷。它们长这个样子：

甲骨文

小篆

金文

隶书

你看我的甲骨文祖先,像不像古代用来舀(yǎo)酒的长柄器具?柄上那一横,是不是表示对握持功能的突出和强调?后来,是不是慢慢演变成了两点和一横一竖?

我的故事

我呀,其实就是那个"斗"字,最初的意思是酒勺。

我外观独特,人们习惯把形状像我的东西也叫作"斗"。烟斗就长得像我。北斗七星更是像我,勺头和勺柄都有。

手指上闭合成圆圈的指纹,看起来也像我。人们认为这种指纹能积聚财富,干脆直接称它们为"斗"。内侧有开口,形似簸(bò)箕(ji)的指纹,则叫"簸箕"。

我能舀取酒液和粮食,经常被古人用来借指量具。"大斗进,小斗出"里的我,即是此种量具。

我同时也是一种容量单位。一石等于十斗,一斗等于十升。

南朝诗人谢灵运曾说:"天下才有一石,曹子建独占八斗,我得一斗,天下共分一斗。""才高八斗"这句成语,即是出于此处。人们常用它来形容很有才华。

古代有一种盛饭的竹筐,叫"筲(shāo)"。它的容量也不大,和我差不多。人们习惯用我们来形容气量狭小和才识短浅。"斗筲之人"就含有这层意思。

我还是"二十八星宿(xiù)"之一。我和牛、女、虚、危、室、壁这六宿一起,共同组成龟蛇合体的形象,统称为"北方玄武七宿"。我是七宿中的第一宿,由六颗星星组成。

"南斗六星在南天,北斗七星在西北。"作为星宿的我,和北斗的形状都像舀酒的酒勺,人们习惯称我为"南斗"。北斗的勺口总是朝上,里面不知装着什么宝贝。我的勺口总是朝下,更像一把倒扣的勺子。

古时候,有个"鬥(dòu)"字。它的甲骨文祖先形似两人对立,以手相搏。

这个字还分化出"鬪""鬭""鬦""閗"等多种写法。它们的读音都是"dòu",意思都是对打。

后来,它们干脆都简化成我的样子。自此我就有了两种读音和两种意思,开始一边吃着斗里的米,一边战天斗地。

"北斗七星高,哥舒夜带刀。"(出自唐·西鄙人《哥舒歌》)

"李白一斗诗百篇,长安市上酒家眠。"(出自唐·杜甫《饮中八仙歌》)

很多古诗词里都有我的身影。

我来造字

我们这个家族的汉字，主要和酒器有关，和量具有关。

我通常待在我朋友的右边，有时候也跑到其他位置。

因为我是以"斗"字的身份做偏旁，所以大家都叫我"斗字旁"。

小篆

戽 隶书

我遇到"户"字，就变成了"戽（hù）"字。

戽桶也叫"戽斗"，是汲水灌田的农具。两人拽（zhuài）绳提斗，戽水灌溉。

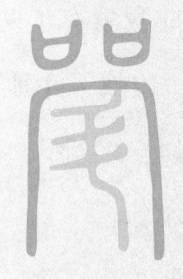

小篆

斝 隶书

遇到秃宝盖和两个"口"字，就变成了"斝（jiǎ）"字。

斝可盛酒，亦可温酒，单耳圆口，底有三足，顶有两柱。

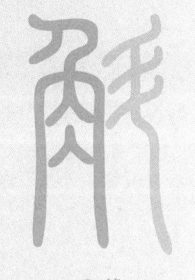

遇到"角"字,
就变成了"斛(hú)"字。

斛是一种量器,一斛等于十斗,宋末改为五斗。一斛凉州,指的是东汉孟佗(tuó)用一斛葡萄酒行贿(huì),换取了凉州刺史的官位。

小篆
斛
隶书

遇到"甚"字,
就变成了"斟(zhēn)"字。

自斟自饮。

小篆
斟
隶书

遇到"虫"字,
就变成了"蚪"字。

蝌蚪变青蛙。

小篆
蚪
隶书

臼字旁

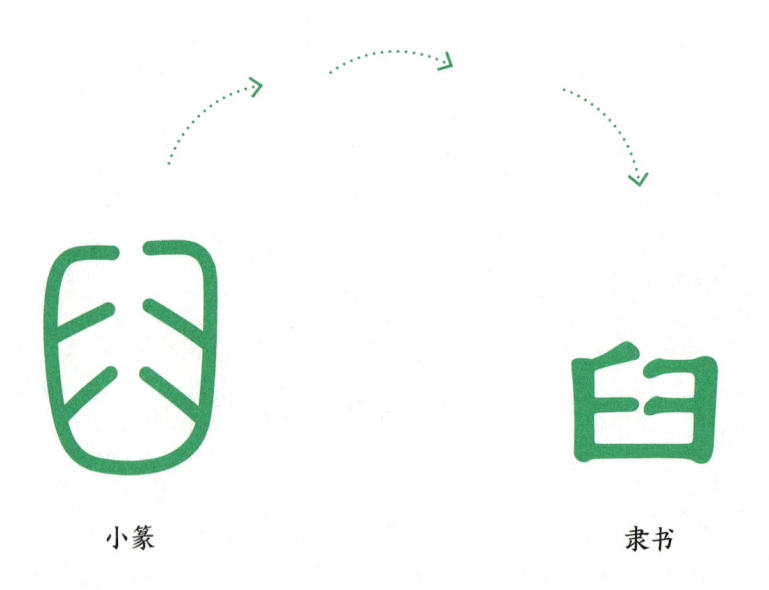

我是臼(jiù)字旁。
我长这个样子：

臼

打字的时候，
你打"jiù"，
我就会现身。

我的祖先很酷。它们长这个样子：

小篆

隶书

你看我的小篆祖先，像不像古时候舂（chōng）米用的器具？里面那四条斜线，是不是代表所舂之米？

后来，是不是演变成了一撇一竖、一横、一个横折和两横？

我的故事

我呀，其实就是那个"臼"字，最初的意思是舂米用的器具。

也有人说，我的小篆祖先里面那四条斜线，代表的不是所舂之米，而是制臼时所留下的掘（jué）痕或者凿（záo）痕。

我和杵（chǔ）都是舂米的器具，可以说是"臼不离杵，杵不离臼"。

最早的时候，古人断木为杵，掘地而成地臼。后来，又凿木击石，造出木臼和石臼。我的作用随之增多，舂米、捣药和砸蒜，样样都行。

我形象独特，很多事物都和我有关联。

人类的磨牙，牙面凹陷，其形似我，叫"臼齿"。

肩关节的关节窝，形状也像我，叫"关节臼"。

"脱臼"的意思是"脱于臼",关节从关节窝里脱落出来。

"窠(kē)"是鸟兽的巢穴,和我都是深深的坑穴形状。我们组成"窠臼"一词,用来比喻旧框框和既有格式。

"臼头深目",是说头顶和眼睛凹陷,长相丑陋。齐国齐宣王的王后钟离春,即是此等面目之人。她外貌虽丑,却有德有才。

春秋时期,晋国有位名叫"公孙杵臼"的忠义之士,为保护赵氏孤儿而献出了自己的生命。

东汉时期,京官吴祐(yòu)不顾身份悬殊(shū),放低身段,与前来他家中舂米助学的太学生公沙穆,结交于杵臼之间。这个典故叫"杵臼之交"。人们常以此借指不计贫贱的友谊。

"井臼阴苔遍,方书古字多。"(出自唐·卢纶《寻贾尊师》)

"鹤(hè)睡不惊春药臼,鸟啼时作读书声。"(出自宋·方岳《山中》)

很多古诗词里都有我的身影。

我来造字

我们这个家族的汉字,主要和春白有关。

我通常待在我朋友的脚下,有时候也跑到其他位置。

左右两手相遇时,偶尔也会假扮成我的样子,让人真假难辨。

因为我是以"白"字的身份做偏旁,所以大家都叫我"白字旁"。

小篆

春

隶书

我遇到三横和一撇一捺,就变成了"春"字。

卧听远春白日静,起看阴壁绿苔繁。

小篆

舀

隶书

遇到两撇和两点,就变成了"舀(yǎo)"字。

一江春水难舀,舀得秋凉入梦眠。

小篆

畲

隶书

遇到"千"字,
就变成了"畚(chā)"字。

举畚为云,决渠为雨。畚是一种挖土的农具,长长的木柄,凹字形的畚头。

小篆

臾

隶书

遇到"人"字,
就变成了"臾(yú)"字。

须臾月上梅花冷,人与梅花相对闲。须臾,意思是片刻,极短的时间。

小篆

桕

隶书

遇到"木"字,
就变成了"桕(jiù)"字。

清秋霜未降,乌桕叶先红。乌桕树是因为乌鸦喜食其籽,且老树根下黑烂,易朽(xiǔ)成白形而得名。

舟字旁

我是舟字旁。
我长这个样子：

舟

打字的时候，
你打 "zhōu"，
我就会现身。

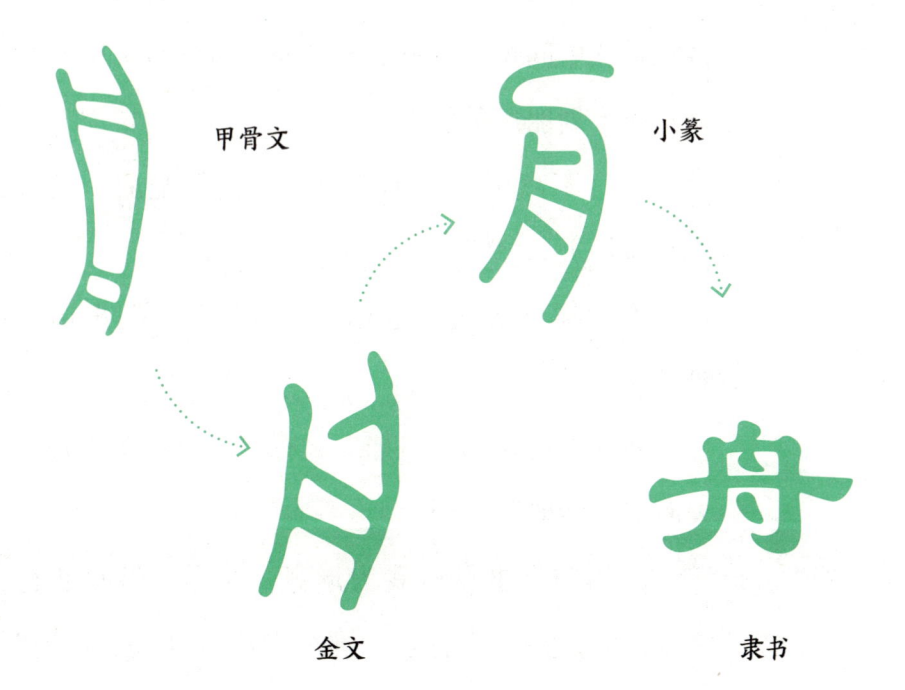

我的祖先很酷。它们长这个样子：

甲骨文

小篆

金文

隶书

你看我的甲骨文祖先，像不像头、舱、尾、舷（xián）俱全的小船？金文祖先身上那两个弧形笔画，是不是代表左右船舷？船舷之间那三个笔画，是不是分别代表船头、船舱和船尾？小篆祖先身上，是不是还多了一条系船的缆绳？

后来，是不是慢慢演变成了两撇、一个横折钩、一点一横和另外一点？

我的故事

我呀，其实就那个"舟"字，最初的意思是小船。

"刳（kū）木为舟，剡（yǎn）木为楫（jí）。"古人看到空心木头漂浮在水上，从中受到启发，将圆木从中间挖空，就制成了我。再将竹木削断，就制成了划船用的楫。

"舟不离楫，楫不离舟。"我们配成一对，得水而行。

人们通常将我们合称为"舟楫"，用来借指船只。

我和船合称为"舟船"，有"小而狭者为舟，大而宽者为船"之说。

"船"字也是以我为形旁，含有"沿水而行之舟"的意思。它身体右边那个字符，可以视为"沿"

字的省写，既表声，也表义。

我素来轻盈（yíng），有"轻舟"之称。"两岸猿声啼不住，轻舟已过万重山"，说的就是我。又因体形狭小，酷似树叶，亦有"一叶扁（piān）舟"之称。

我和车合称为"舟车"，是古代最常用的两种交通工具。舟车劳顿是很自然的一种现象。乘船坐车，旅途难免疲劳困顿。

专门划船的人，人们称之为"舟子"或者"船夫"。

"舟已行矣，而剑不行。"战国时期，我曾经载过楚国那位"刻舟求剑"的先生。他刻在我身上的记号，依然还在。我依稀记得剑落之处。如果他愿意，我想和他一起把那把剑找回来。

"水急客舟疾，山花拂（fú）面香。"（出自唐·李白《秋浦歌十七首》）

"春雨断桥人不度，小舟撑出柳阴来。"（出自宋·徐俯《春游湖》）

很多古诗词里都有我的身影。

我来造字

我们这个家族的汉字，主要和舟船有关。

我通常待在我朋友的左边，有时候也跑到其他位置。

因为我是以"舟"字的身份做偏旁，所以大家都叫我"**舟字旁**"。

舱

小篆

舱

隶书

我遇到"仓"字,
就变成了"舱"字。

舱可载人载货。斜分半舱月,
满载一篷霜。

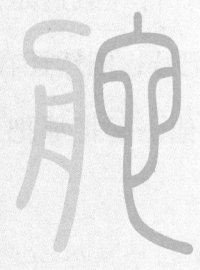

舵

小篆

舵

隶书

遇到"它"字,
就变成了"舵（duò）"字。

舵是船尾控制方向的装置。渔
童看月上,吹笛舵楼前。

舣

小篆

舣

隶书

遇到"义"字,
就变成了"舣（yǐ）"字。

舣为停船靠岸。舟舣树阴欲动,
鱼惊帆影应低。

小篆

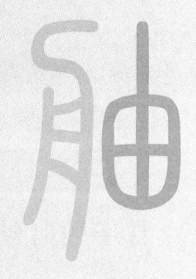

舳

隶书

遇到"由"字，
就变成了"舳"字。

舳（zhú）舻（lú）是船尾和船头的合称，泛指首尾相连的船只。门前西去长安路，日夜舳舻衔尾过。

小篆

舲

隶书

遇到"令"字，
就变成了"舲（líng）"字。

舲是带窗户的小船，也借指船窗。舟子夜离家，开舲望月华。

小篆

盘

隶书

遇到"皿（mǐn）"字，
就变成了"盘"字。

盘子是一种器皿，有用木头做成的，也有用金属做成的。一盘菜能吃下肚，一盘石磨不可吃。

"盘"是"盤"的简化字。"盤"原本是"槃"和"鎜"的异体字，后来变成了正体字，继而简化成了"盘"。

鬲字旁

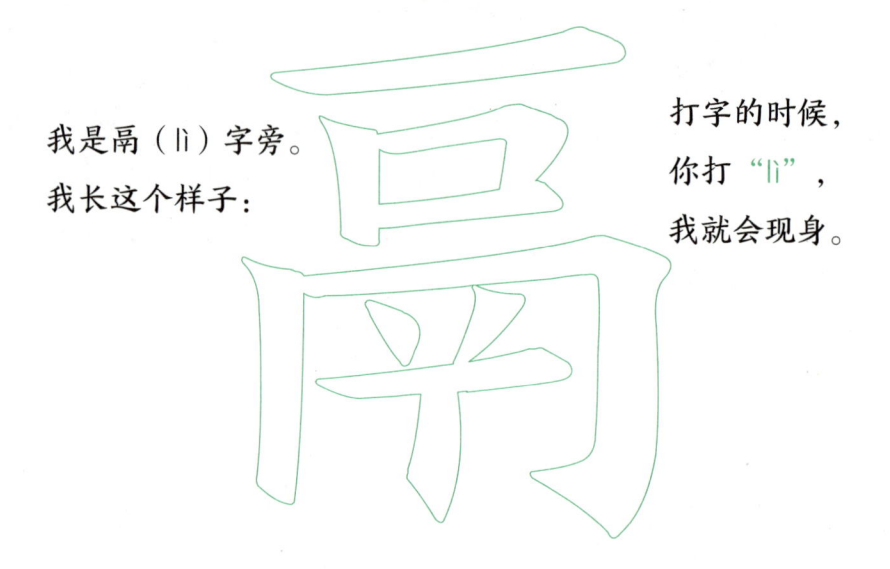

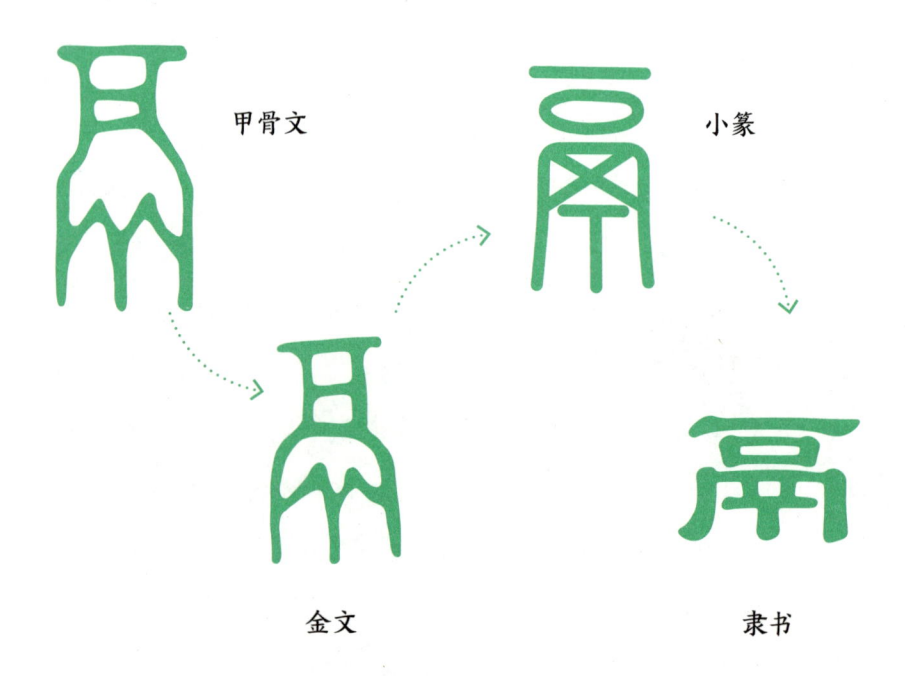

我是鬲(lì)字旁。
我长这个样子:

打字的时候,
你打"lì",
我就会现身。

我的祖先很酷。它们长这个样子:

甲骨文

小篆

金文

隶书

你看我的甲骨文祖先,像不像顶端带盖,口沿外翻,高颈鼓腹,三足中空的蒸煮炊具?

到了我这一辈,是不是最终演变成了一横、一个"口"字、一个"冂(jiōng)"字和少了下面两横的"羊"字?

我的故事

我呀,其实就是那个"鬲"字,最初的意思是一种三足中空的蒸煮炊具。

我和圆鼎相似,都是三足而立。不同的是,我三足都是空心,中空而内曲,和腹部上下连通。这样可以增加受热面积,快速升温。

我的甲骨文祖先和金文祖先,中间一足很特别,和两侧的笔画相拈(niān)连,合为一体,形似弯曲的羊角。如果再加上两横,就变成了"羊"字。后来,人们干脆将中间一足和两侧相拈连的笔画加以整合,写成一点一撇和一横一竖,形似省去下面两横的"羊"字。

我的小篆祖先,身体明显分为三部分:上面那一横,代表的是盖子;中间那个"口"字,代表的是口沿;下面那个叉号和"冂"字形、"T"形组合笔画,代表的是刻有叉形花纹的肚腹和三足。

圆口器物的口沿，常见的有三种：直上直下的直口，口沿内收的敛（liǎn）口，口沿外翻的侈（chǐ）口。我的口沿，即是侈口。

我还有一个读音为"gé"。读这个读音的时候，主要用于地名和人名。

传说我是皋（gāo）陶（yáo）的后代有鬲氏发明的。我是人们煮饭的好帮手。我肚子里的汤水沸腾的时候，会发出好听的"嗝（gé）嘟嗝嘟"声。

鬲国也是有鬲氏所建。他们生活在鬲津河流域（yù），曾协助大禹在此治水。

我觉得吧，最早的时候，我们的读音在地名和人名里也读"lì"。我们是有鬲氏发明的，他们以发明我们为荣，自然乐意和我们共用同一个读音。后来，不知什么原因，统一改成了"gé"。

也许是单独以"鬲"为姓后，觉得再和日常器物一个读音，叫起来犯忌讳（huì），不是那么方便，因而将地名和人名里的读音都改成了"gé"。

"况有松风声，釜（fǔ）鬲鸣飕飕（sōu）。"（出自宋·苏轼《夜卧濯足》）

"江南春旱鱼无泽，岁晏（yàn）未曾腥鼎鬲。"（出自唐·陆龟蒙《五歌·食鱼》）

很多古诗词里都有我的身影。

我来造字

我们这个家族的汉字,主要和炊具有关。

我通常待在我朋友的左边或者右边,有时候也跑到其他位置。

因为我是以"鬲"字的身份做偏旁,所以大家都叫我"鬲字旁"。

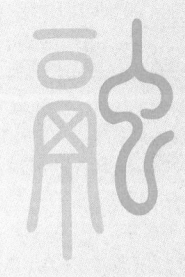

小篆

融

隶书

我遇到"虫"字,
就变成了"融"字。

泥融飞燕子,沙暖睡鸳鸯。

小篆

翮

隶书

遇到"羽"字,
就变成了"翮(hé)"字。

振翮高飞。翮是鸟羽的茎状部分,中空透明,通常用来借指鸟翅。

小篆

鬲

隶书

遇到"月"字,
就变成了"膈(gé)"字。

膈即膈膜,是胸腔和腹腔之间的膜状肌肉。人们常用"胸膈"来借指胸腹、胸怀或者胸臆(yì)。自写胸膈,意思是自己把心里的话或者想法表达出来。

小篆

鬹

隶书

遇到"规"字,
就变成了"鬹(guī)"字。

鬹是一种陶制或者铜制的炊事器具。鬹有流嘴,似鸟喙(huì),三足中空,边侧有一弧形把手。

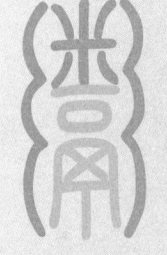

小篆

鬻

隶书

遇到"粥"字,
就变成了"鬻(yù)"字。

质我青苗,鬻我小女。"鬻"的意思是卖。

鼎字旁

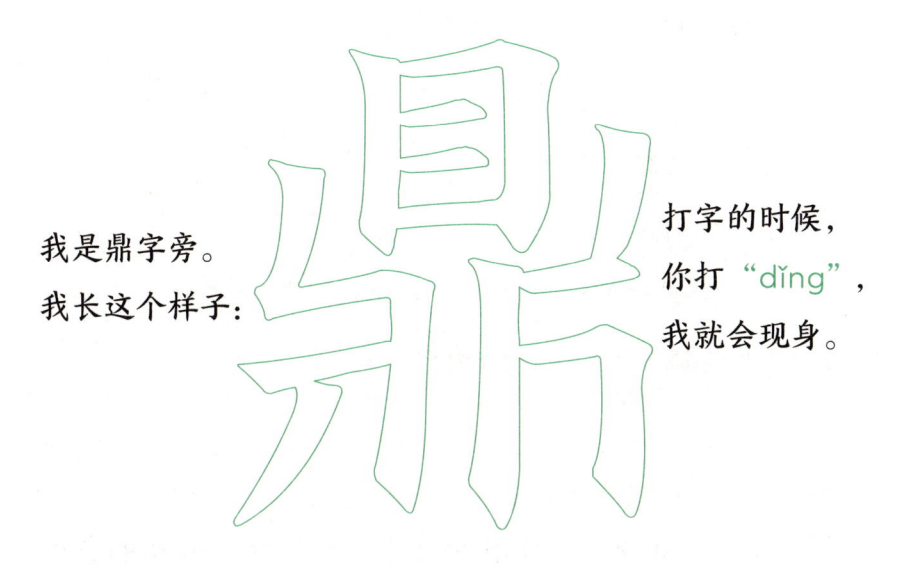

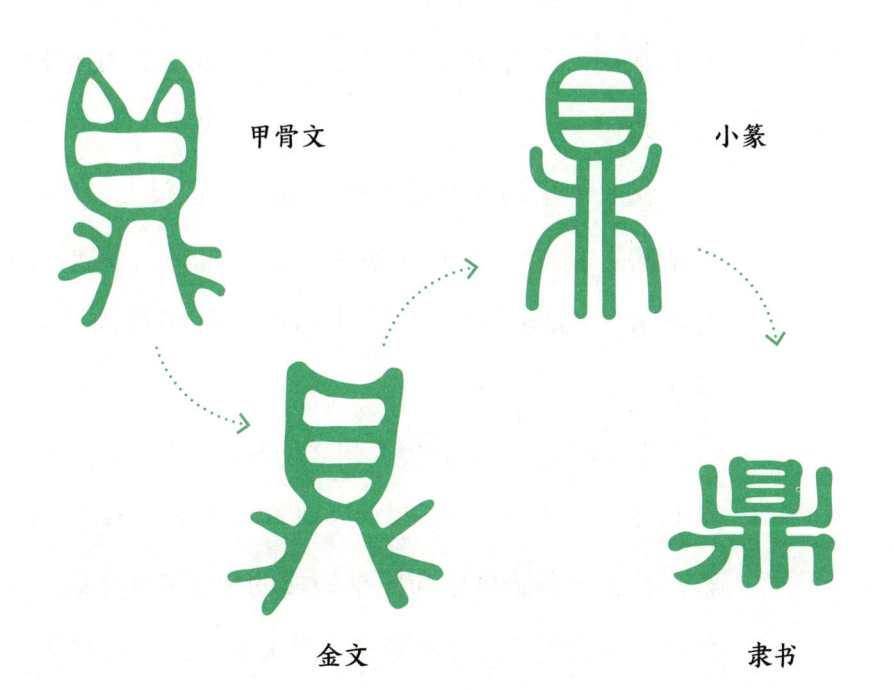

我是鼎字旁。
我长这个样子：

鼎

打字的时候，
你打"dǐng"，
我就会现身。

我的祖先很酷。它们长这个样子：

甲骨文

小篆

金文

隶书

你看我的甲骨文祖先，像不像两耳、圆腹、带腿的烹（pēng）煮炊具？腹中那一横，是不是代表烹煮之物？腿部两侧所附的那些笔画，是不是代表纹饰？

后来，两耳和圆腹是不是慢慢演变成了一个"目"字？左腿是不是演变成了一个竖折折和一横一撇？右腿是不是演变成了一竖一横和一竖、一个横折？

我的故事

我呀，其实就是那个"鼎"字，最初的意思是一种三足两耳的圆腹烹煮炊具。

我一般都是三足圆鼎，后来又有了四足方鼎。人们常用"三足鼎立"来形容三方并立，互相对峙（zhì）。

我肚子里的汤水沸腾的时候，声音很大，"咕噜咕噜"地响。人们习惯用"人声鼎沸"来形容人声喧（xuān）嚷，声音大得像我肚子里沸腾的汤水。

夏朝时期，大禹收集九州之长所献之金，铸（zhù）成九鼎。九鼎代表九州，是夏商周时期的传国重器，不亚于秦始皇用和氏璧做成的传国玉玺（xǐ）。自夏至商而周，国灭则鼎迁。得天下者，必得九鼎。

我因此成为政权的象征。

"春秋五霸"之一的楚庄王，北伐戎（róng）族陆浑国时，曾阅兵于周郊（jiāo）。周定王派大夫王孙满前往劳军。楚庄王问九鼎之大小轻重时，王孙满以"在德不在鼎""周德虽衰，天命未改""鼎之轻重，未可问也"等话语巧妙应对。此典故即为"问鼎中原"。此后，人们常用"问鼎"一词借指觊（jì）觎（yú）政权，用"定鼎"一词借指建立政权。

我还是身份和等级的象征。古有"天子九鼎，诸侯七鼎，卿（qīng）大夫五鼎，元士三鼎"之分。人们常用"钟鸣鼎食"和"列鼎而食"来形容贵族阶级的奢（shē）侈（chǐ）生活。

我还含有盛大的意思。大名鼎鼎，意思是名气很大。

还有很多成语和我有关。一言九鼎，是一句话抵得上九鼎重，形容说话很有分量，能起决定作用。力能扛（gāng）鼎，是两手能举起鼎来，形容力气很大。鼎力相助，是以举鼎之力相助，形容大力相助。

"拾薪（xīn）煮秋栗，看鼎书古字。"（出自唐·鲍溶《山中冬思二首》）

"此日楼台鼎鼐（nài），他时剑履（lǚ）山河。"［出自宋·辛弃疾《西江月（堂上谋臣帷幄）》］

很多古诗词里都有我的身影。

我来造字

我们这个家族的汉字，主要和炊具有关。

我总是待在我朋友的脚下。

因为我是以"鼎"字的身份做偏旁，所以大家都叫我"鼎字旁"。

鼐 小篆

鼐 隶书

我遇到"乃"字，就变成了"鼐（nài）"字。

鼐比鼎大，是最大的鼎。古人常用"鼎鼐调和"来比喻处理国政。处理国政和调和鼎中之味一样，需要技巧。

鼒 小篆

鼒 隶书

遇到"才"字，就变成了"鼒（zī）"字。

鼒为敛（liǎn）口圆鼎，是小型的鼎。"鼐鼎及鼒，兕（sì）觥（gōng）其觩（qiú）"，是说祭祀（sì）的时候，大鼎、中鼎和小鼎排列整齐，兕角做的酒杯弯弯而立。

鼓字旁

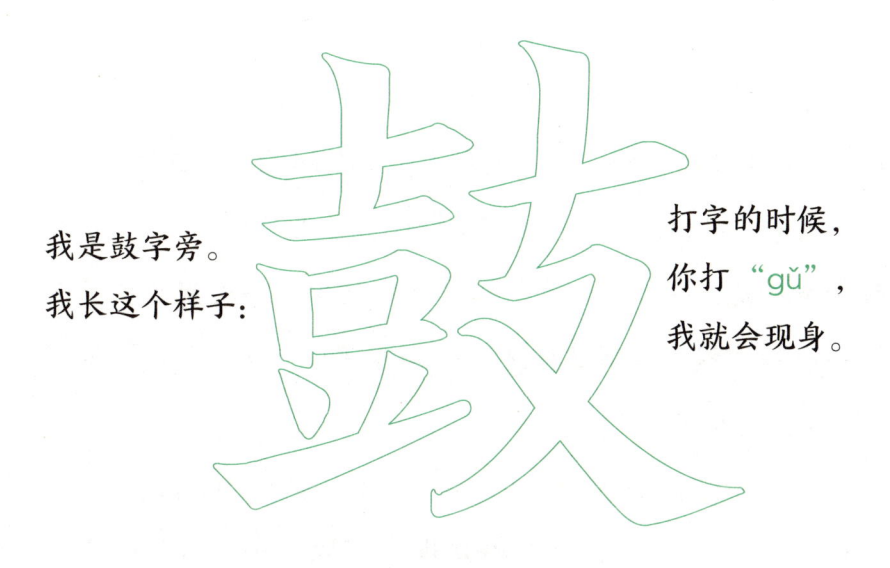

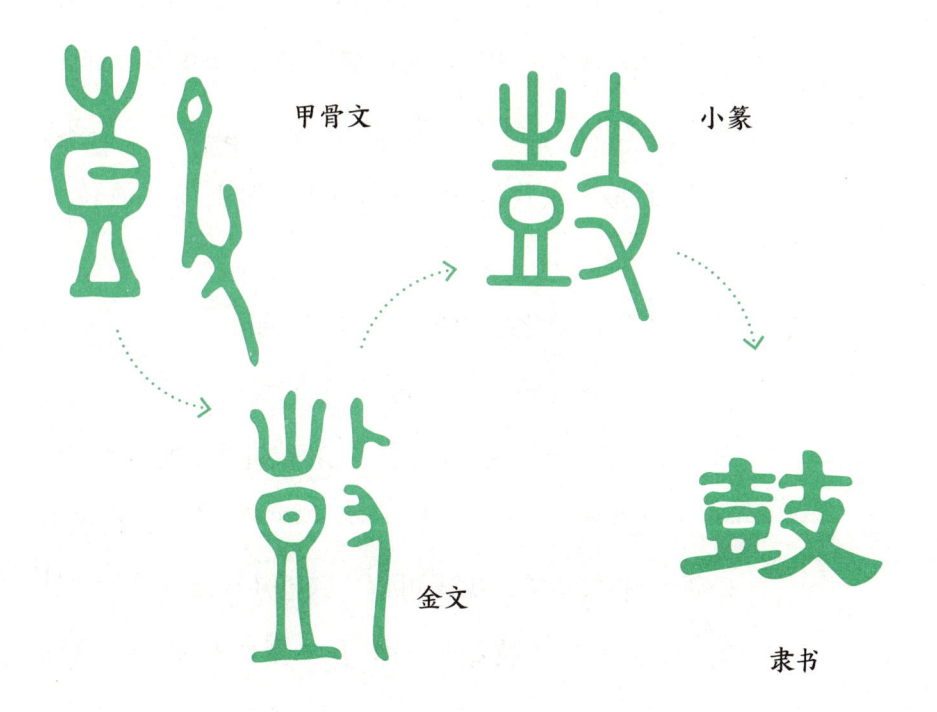

我是鼓字旁。
我长这个样子：

鼓

打字的时候，
你打"gǔ"，
我就会现身。

我的祖先很酷。它们长这个样子：

甲骨文

小篆

金文

隶书

你看我的甲骨文祖先，左边像不像顶有饰物，下有鼓架，鼓面与地面垂直的圆鼓？右边像不像手持鼓槌（chuí）击鼓的形状？鼓面上那一横，是不是表示对鼓面的突出和强调？

后来，鼓顶上的饰物是不是慢慢演变成了一个"士"字？鼓面是不是演变成了一个"口"字？鼓架是不是演变成了一点一撇和一提？手和鼓槌是不是先演变成"攴（pū）"字，随后又演变成了"支"字？

我的故事

我呀，其实就是那个"鼓"字，最初的意思是持槌击鼓，泛指鼓类乐器。

最早的时候，"皷（gǔ）"字和我同时并存，是我的异体字。因为鼓面都蒙有动物皮革，所以我也"从皮"，还有个写法为"皼（gǔ）"。后来，大家都统一成我这个写法，我作为正体字流传了下来。

"公将鼓之"里的我，是动词。

"击鼓其镗（tāng）"里的我，是名词。

我和锣合称为"锣鼓"。击鼓进军，鸣锣收兵。

"鼓钟钦钦，鼓瑟（sè）鼓琴。"除了敲击乐钟，弹瑟弹琴，我还可以"鼓笙（shēng）""鼓缶（fǒu）""鼓盆"。庄子"妻亡不哭，鼓盆而歌"，是因为他已勘（kān）破生死，认为生即死，死即生，死和生一样值得庆贺。

我是众音之长，统领众乐。"八音"里的"革"，指的就是我。

"鼓法天，钟法地。"钟鼓之声通天彻地。古代城市通常建有钟楼和鼓楼，以"晨钟暮鼓"或者"晨鼓暮钟"的方式来报时。汉魏时期，是"晨鼓暮钟"，以响亮的鼓声催人早起劳作，以悠长的钟声伴人归家止息。

鼓声咚咚，如雷声隆隆（lóng），振奋人心。"鼓舞""鼓励""鼓劲""鼓动"，都和我有关。

"酒有精，鼓有妖。"鼓妖存在于想象之中。古人认为，有声而无形的怪异之音，乃鼓妖宣泄不平之气所发，是不祥之兆。

"风起春城暮，高楼鼓角悲。"（出自唐·杜甫《绝句》）

"战馀（yú）落日黄，军败鼓声死。"（出自唐·常建《吊王将军墓》）

很多古诗词里都有我的身影。

我来造字

我们这个家族的汉字，主要和鼓类乐器有关。

我通常待在我朋友的头上，有时候也跑到其他位置。

因为我是以"鼓"字的身份做偏旁，所以大家都叫我"鼓字旁"。

小篆

隶书

我遇到"兆"字,
就变成了"鼗(táo)"字。

鼗是拨浪鼓,因货郎卖货常用,
也叫"货郎鼓"。

小篆

隶书

遇到"目"字,
就变成了"瞽"字。

舜父瞽(gǔ)叟(sǒu),生性顽劣。"瞽"的意思是眼瞎。瞽叟是舜的父亲,是一个瞎眼的老翁。

小篆

隶书

遇到"卑"字,
就变成了"鼙(pí)"字。

鼙是古代一种小鼓,军队和乐队常用。人们常用"鼙鼓"来借指战争和战事。渔阳鼙鼓动地来,惊破霓(ní)裳(cháng)羽衣曲。

龠字旁

我是龠（yuè）字旁。
我长这个样子：

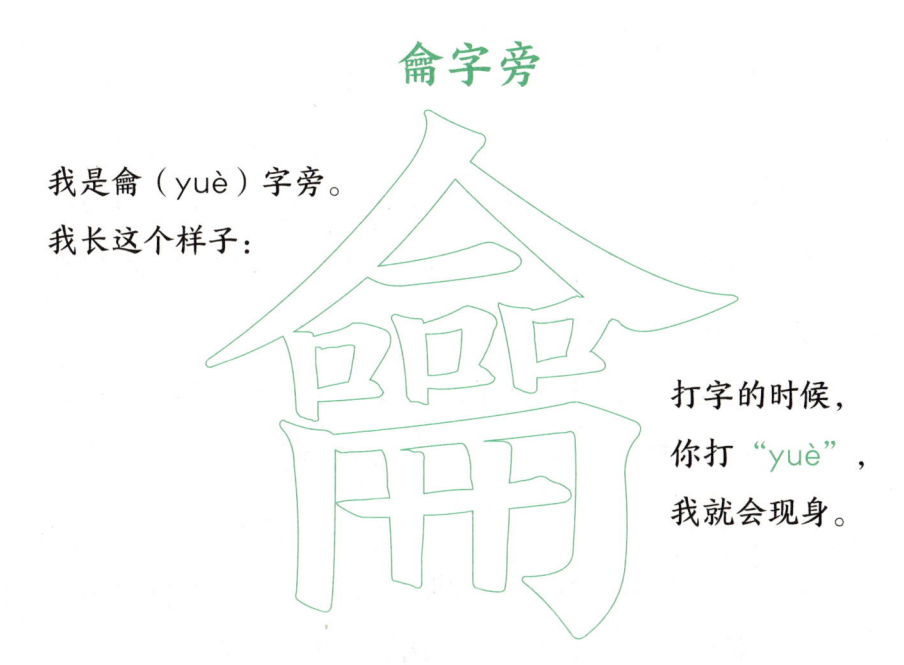

打字的时候，
你打"yuè"，
我就会现身。

我的祖先很酷。它们长这个样子：

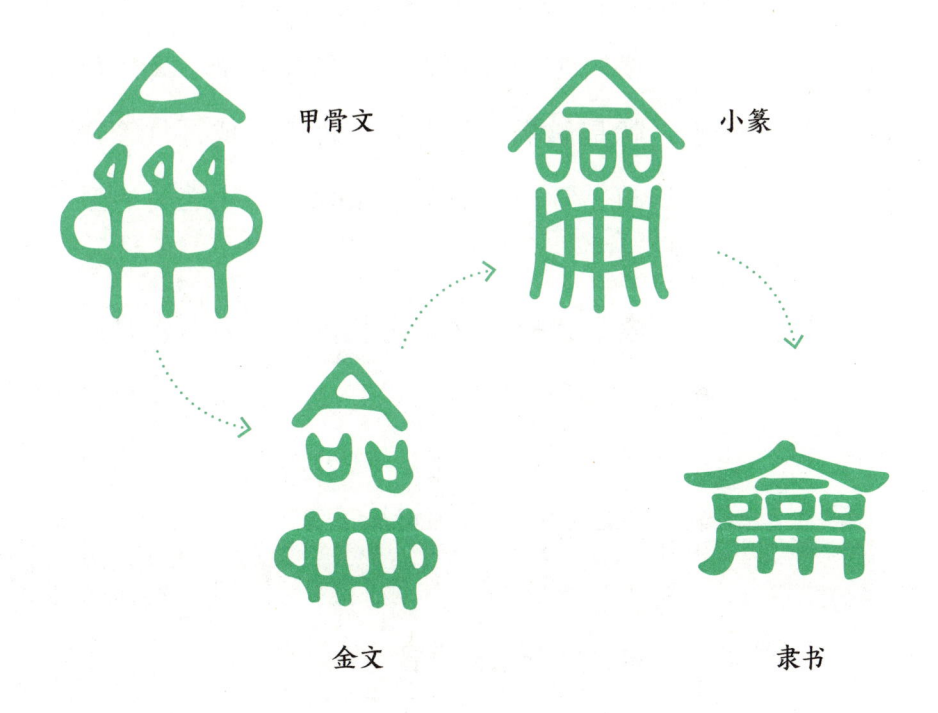

甲骨文

小篆

金文

隶书

你看我的甲骨文祖先，像不像古代的管乐器龠？上边是不是"亼（jí）"字，用来表示集多管合吹之众音？下边那三个小旗似的笔画，是不是代表顶端开有斜口的竹管？周围那个圈圈，是不是代表编束竹管之物？

到了我这一辈，是不是最终演变成了一个"亼"字、三个"口"字和一竖、一个横折钩、一横两竖？

我的故事

我呀，其实就是那个"龠"字，最初的意思是一种编竹而成，吹口为斜口的管乐器。

也有人说，我的甲骨文祖先上边不是"亼"字，而是一个倒写的"口"字，用来表示吹奏的意思。

"横吹笛子竖吹箫。"我和笛子、箫的最大区别，就是斜吹。我由多根竹管组成，竹管顶端开有斜口，管内装有簧（huáng）片之类的振动发音装置。

"吹龠而舞，文乐之长。"古人通常是"左手执龠，右手秉翟（dí）"，边吹边舞。我比笛子和箫要短，吹口是斜的。这种设计，正适合边吹边舞，两相配合，潇洒自如。

有人好奇地问："你们的实物到底是什么样子？一龠具体有几根竹管？"

这可难住了我！我只知道自己是用竹管编成的斜吹乐器。至于具体的实物是什么样子，恐怕连古人都无法说清楚了。

一龠管数是多少，更是众说纷纭（yún），未有定论。我的甲骨文祖先有画成两管的，也有画成三管的。金文祖先有画成两管的，也有画成四管的。只是我的诸位祖先向来喜欢以少表多，画成两管、三管和四管的，实物是五管、六管也说不定呢。

"量者，龠、合（gě）、升、斗、斛（hú）也。"古时候，我经常作为一种量具出现。一龠能盛一千二百粒中等大小的黑黍（shǔ）。二龠为一合，十合为一升，十升为一斗，十斗为一斛。

我还有个写法为"籥（yuè）"。它是在我头上增加一个竹字头（⺮）而来，表明了我的竹质材料身份。

"虽同执一龠，吹曲各异音。"（出自宋·梅尧臣《依韵和张应之见赠》）

"分量各有穷，升龠不受斗。"（出自宋·陆游《寓规》）

很多古诗词里都有我的身影。

我来造字

我们这个家族的汉字，主要和乐器有关。

我通常待在我朋友的右边，有时候也跑到其他位置。

因为我是以"**龠**"字的身份做偏旁，所以大家都叫我"**龠字旁**"。

小篆

龢禾

隶书

我遇到"禾"字，
就变成了"龢（hé）"字。

龢是音乐配合得当，引申为调和、和谐（xié）。因为它笔画烦琐，人们逐渐用"和"字代替了它。"正六律，龢（和）五声，杂八音"，意思是校正六律，调和五声，聚集八音。

小篆

瀹

隶书

遇到三点水（氵），
就变成了"瀹（yuè）"字。

瀹是煮和疏。瀹茗知泉味，栽桑助女工。疏瀹五藏（脏），澡雪精神。

小篆

爚

隶书

遇到"火"字，
就变成了"爚（yuè）"字。

爚是火光，引申为光彩耀目之貌。震震爚爚，雷奔电激。